LES MONTAGNARDES

Traditions Dauphinoises

PAR A. BARGINET,

De Grenoble.

Tome Quatrième.

Voici le ménestrel qui va par la montagne,
Faisant de vieux récits et chantant tour à tour;
Bonnes gens, écoutez! sur mon luth j'accompagne
Ballades et tensons qui font rêver d'amour.

PARIS

GIRARD, LIBRAIRE, RUE MAZARINE, N. 22

1826

IMPRIMERIE DE J. TASTU.

LES

MONTAGNARDES,

Traditions dauphinoises.

Voici le ménestrel qui va par la montagne
Faisant de vieux récits et chantant tour à tour.
Bonnes gens, écoutez; sur mon luth j'accompagne
Ballades et tensons qui font rêver d'amour.

IMPRIMERIE DE J. TASTU,
RUE DE VAUGIRARD, N° 36.

LES MONTAGNARDES

Traditions Dauphinoises

PAR A. BARGINET

DE GRENOBLE.

Tome Quatrième.

PARIS

GIRARD, LIBRAIRE, RUE MAZARINE, N. 22.

M DCCC XXVI.

LA TOUR D'ALLEVARD,

OU

LE SIRE DE CROUY.

Alfred. « — As-tu peur, mon amie? Hâtons-nous, la lune brille encore de tout son éclat; mais bientôt les morts échappés des tombeaux vont y rentrer effrayés par l'approche du jour. Leurs mânes errans t'inspirent-ils de l'effroi? »

Léonora. « — Oh! Dieu, Alfred, laisse, laisse les morts. »

La Romance de Léonora.

LE LAC DU BER,

ET LA FÉE.

Elle bénissait le moment où le repos appelait tous les habitans au sommeil, car elle aimait à parcourir les collines couvertes de bruyère et les bancs de thym, aussi libre que la brise vagabonde.

BALLADE ANGLAISE.

La trompette a jeté le signal des alarmes :
Aux armes ! et l'écho répète au loin : aux armes !
. . . .
Oui, je reviens à toi, berceau de mon enfance,
Embrasser pour jamais tes foyers protecteurs ;
Loin de moi les cités et leur vaine opulence,
Je suis né parmi les pasteurs.

MÉDITATION.

ENFIN le beau temps permit à M. Henri de revenir à Allevard, où sa bonne hôtesse commençait à regarder son absence comme une perte réelle pour ses intérêts. C'est une chose qu'on ne néglige point en Dauphiné; et toutes les fois que ses honnêtes habitans peuvent mettre d'accord les Commandemens de Dieu avec les bénéfices que permettent la civilisation et les lois, ils se gardent bien d'y manquer. On peut en général se fier à l'intelligence rare et à la probité d'un Dauphinois, dans les affaires où il n'est pas directement intéressé; mais il serait dangereux de vouloir le tromper. Un paysan de ces contrées déploie dans la négociation la plus simple en apparence, autant de ruse et d'adresse qu'il en faudrait dans une affaire d'État. Son naturel le sert à merveille en cela; il se tient continuellement sur ses gardes, et n'arrive au but réel qu'il se propose que par des inductions évasives et des moyens détournés. Malgré les avantages politiques de leur caractère national, on a vu peu de Dauphinois parvenir aux hauts emplois de la diplomatie. C'est que leur habileté n'est qu'une arme défensive qu'ils n'emploient jamais que pour eux, et que d'ailleurs, fiers et résolus, ils sont peu disposés à se soumettre aux humiliations qui mènent aux grandeurs. Ils ont en général un caractère d'opposition : aussi ont-ils mieux réussi dans les camps, où leur bravoure et leur intrépidité naturelles les ont fait remarquer de tous temps. Ce que nous disons ici s'applique principalement aux habitans des campagnes, et surtout aux montagnards chez qui le type des anciennes mœurs se retrouve mieux conservé.

L'hôtesse poussa de grandes exclamations de joie en revoyant M. Henri. Il faut avouer qu'il y avait de la vérité dans ces bruyantes démonstrations, parce qu'elle s'était aperçue que le voyageur causait familièrement avec Jacques Morel. Cette condescendance la prévenait en sa faveur ; la personne qui reconnaissait le mérite d'un neveu qu'elle élevait à la candidature de la justice de paix, ne pouvait être, suivant elle, que quelqu'un doué d'une grande sagacité.

« — Hé quoi ! c'est vous, dit-elle, Monsieur ! combien vous m'avez causé d'inquiétude. Sainte Vierge ! est-il possible que vous aimiez ces rochers affreux où l'on ne trouve que des ours ou des habits verts qui valent encore moins. Et vous, Jacques, embrassez-moi ; si Nanette Rambaud ne se trouve pas heureuse avec vous, ce ne sera pas faute d'avoir eu le temps de juger de votre caractère. » Puis elle regarda M. Henri d'un air qui voulait dire : Hé bien ! vous avais-je trop vanté cet honnête garçon ? Que pensez-vous de lui ?

« — Ma bonne hôtesse, répondit M. Henri, éludant la question intentionnelle, il faut avouer que Nanette Rambaud est bien faite pour qu'on oublie auprès d'elle des devoirs doux à remplir, mais qui tiennent moins au cœur d'un jeune homme.

» — D'ailleurs, ajouta Jacques Morel, c'est le mauvais temps, ma belle tante, qui m'a retenu à la ferme.

» — Ne mentez pas, Jacques, dit l'hôtesse en arrangeant les plis de son fichu d'indienne, car l'épithète que son neveu venait d'ajouter à son nom exigeait qu'elle eût l'air de rougir; ne mentez pas, le mauvais temps sans l'amour ne serait pas une bonne raison pour vous?

» — Tout ce qu'il vous plaira, ma tante, répondit Jacques; mais ne pourrai-je voir mon digne oncle?

» — Il va rentrer dans un moment, Jacques; en attendant, Monsieur peut disposer de sa chambre, que je me serais bien gardée de louer à un autre voyageur, m'en eût-il offert dix fois plus qu'elle ne vaut.

» — C'est bien, dit M. Henri, c'est

bien, ma bonne hôtesse, nous aurons soin que votre complaisance ne vous soit pas préjudiciable.

» — Sainte Vierge! s'écria-t-elle, ce n'est pas l'intérêt qui me fait agir. Mon neveu Jacques Morel est là pour le dire; et, quoiqu'il y ait dans Allevard trop de méchantes langues, on peut bien soutenir que je ne crains pas leurs propos. »

M. Henri manifesta alors le désir d'être seul une partie de la journée. Il retint Jacques Morel à dîner, et il fut convenu qu'ils iraient ensemble le soir faire une visite à la ferme.

Le voyageur n'avait cependant pas le dessein de demeurer pendant tout le jour à l'auberge du château, il souhaitait vivement voir la vieille Benoîte en secret, et il voulait surtout parcourir les environs du bourg et reconnaître les lieux où s'était passée l'action du drame qui l'intéressait au plus haut point, et dont Jacques Morel lui avait fait le récit. Quoiqu'il fût convaincu de l'obligeance et de l'érudition de cet honnête montagnard, il ne voulait point qu'il s'offrît à l'accompagner dans cette nouvelle incursion : c'était seul qu'il brûlait de parcourir ces sites sauvages et solitaires, pleins de souvenirs chers à son cœur. Il usa donc de l'adresse qu'il avait souvent remarquée dans la conduite des habitans de ces contrées. Il se plaignit de ce que la saison, déjà avancée, ne lui permettait point d'aller jouir du coup-d'œil que devait offrir le lac du Ber à la chute d'un jour d'automne; d'ailleurs ce paysage était sans doute fort éloigné du bourg, et il pouvait y avoir quelque danger à s'engager dans les chemins âpres et difficiles qui y conduisaient. Il sut bientôt, par ce moyen, que le lac du Ber n'était point aussi éloigné qu'il le pensait : il occupait un plateau élevé sur une des montagnes du Pinsot qui bordaient le vallon où le bourg d'Allevard était bâti. On lui indiqua la route avec assez de précision pour qu'il ne pût se méprendre sur celle qu'il devait suivre.

Au moment où l'arrivée de quelques marchands réclamait toute l'attention de l'hôtesse, il put facilement sortir sans être remarqué, et il se dirigea aussitôt vers les lieux qu'il désirait connaître. Le voyageur observa, en traversant le bourg d'Allevard, l'activité qui régnait dans ce pays populeux.

La tradition fait remonter l'époque de la fondation d'Allevard à celle où les Sarrasins occupèrent tout le pays. Le nom de cette riche commune est une induction très-favorable à cette opinion : il est certain que les mines de fer qu'on y exploite furent découvertes par ces étrangers. Ces mines sont inépuisables; elles sont les plus riches du continent européen. La haute montagne de Saint-

Pierre, où sont situés les principaux filons qui produisent le minerai de fer, paraît renfermer dans son sein l'immense foyer de cette utile production. Des fourneaux et des martinets, mis en mouvement par les eaux du Bréda et par celles de quelques autres torrens, servent à l'exploitation et à la fonte des minerais. Le bruit retentissant de ces usines se fait entendre au loin, et rien n'est plus extraordinaire que ces travaux de la civilisation et de l'industrie au milieu de ces sites qui semblent appartenir à une nature encore vierge. Tandis que des crètes rougeâtres et arides des montagnes descendent des richesses qui furent sans doute inconnues des premiers habitans, les vallons, obéissant à une agriculture habile et variée, présentent l'aspect de la vie et de la fertilité. On trouve encore dans les montagnes d'Allevard la houille, si utile au commerce, et qui, dans ces climats rigoureux, est un véritable bienfait que la nature offre à l'homme. L'or, mêlé quelquefois à diverses substances talliques, s'y rencontre fréquemment dans les exploitations des mines : on y obtient aussi l'antimoine, le cobalt, le soufre et le gypse qu'on emploie dans les constructions. Nous aurions voulu faire descendre le lecteur avec le voyageur, auquel nous espérons qu'il s'intéresse, au fond de ces sombres cavités d'où le montagnard industrieux tire le fer et l'acier, mais nous avons redouté la singularité des expressions dont se sert la science. Nous nous bornerons à cette courte digression à ce sujet.

Le jour était pur quoique l'air fût vif et un peu froid, les pâles rayons du soleil d'automne tombaient sans chaleur sur les forêts de ces montagnes, où une verdure éternelle offre encore, pendant les hivers les plus rigoureux, toutes les beautés de la végétation. M. Henri remonta le Bréda qu'il traversa au-dessous du village du Pinsot, et gravit la montagne en face où est situé le Ber. Ce lac est d'une médiocre étendue, mais ces nappes d'eau, cachées sur les sommets des plus hautes montagnes de la France, font au moins éclater la toute-puissance de la nature et la mâle grandeur de ses ouvrages. Les Sept-Leaux ou les Sept-Lacs, qui donnent leur nom à la sommité qu'ils occupent dans le voisinage d'Allevard, se trouvent, suivant les calculs des géographes et des naturalistes, à plus de douze cent cinquante toises au-dessus du niveau de la mer. Le lac du Ber, comme on l'a dit dans le récit précédent, est d'une forme circulaire; son lit est calcaire et argileux, autant qu'on a pu s'en assurer sur les bords, car sa profondeur est immense. Les sapins couvrent de leur feuillage d'un vert noirâtre les montagnes environnantes; les mélèzes, les bouleaux et les saules croissent cependant près du lac, et leurs rameaux flexibles se baignent dans ses ondes, dont la surface est peuplée d'oies sauvages et de poules d'eau. En été les pelouses voisines sont émaillées de fleurs, mais les bruyères et les petites plantes aromatiques qui décorent les grèves les plus âpres des Alpes, animent dans toutes les saisons le plateau pittoresque du Ber. A cet aspect, M. Henri se rappela l'histoire de cette ancienne famille dont il foulait aux pieds les domaines abandonnés. Il alla s'asseoir sur le rocher qui domine le lac, et où, suivant la tradition, s'élevait autrefois la tour des Vavassours : quelques décombres, couverts de mousse et de ronces et à travers lesquels le vent passait en sifflant, attristaient cette scène.

« — Qu'ils sont touchans les anciens souvenirs ! dit-il en jetant sur le lac des regards mélancoliques; aucune voix ne peut répondre ici à la pieuse curiosité du voyageur. J'aperçois le lieu où le jeune Quentin et son ami éprouvèrent la puissance d'un être merveilleux à qui la naïve superstition de nos ancêtres avait donné la souveraineté de ces eaux. Sans doute cette tradition se rattache à quelques faits importans ; car il y eut toujours quelque noble sentiment dans les choses conservées par la mémoire des hommes. O lac du Ber ! ceux qui habitent ces contrées ignorent tous l'intérêt qui m'amène sur tes bords et qui remplit mon cœur auprès de ces ruines ; mais qui pourra me raconter l'ancienne histoire de ces solitudes ? »

Un profond soupir se fit aussitôt entendre à l'oreille du voyageur, et il sentit une main froide et décharnée qui saisissait la sienne ; il ne fut pas le maitre de son émotion en reconnaissant la vieille Benoîte.

« — C'est moi, jeune homme, dit-elle, c'est moi qui vous apprendrai ce que nul autre ne sait maintenant; car depuis long-temps on rit des coutumes de nos pères, et il n'y a que les malheureux, ceux qui vivent seuls et qui préfèrent la nuit au jour, qui se plaisent à raconter les vieux souvenirs.

» — Cela est juste, ma bonne mère; mais, s'écria M. Henri, que venez-vous faire en ce lieu, et comment se fait-il que vous soyez aussi près de moi?

» — Comment se fait-il plutôt, répondit la vieille en attachant sur le voyageur ses yeux brillans et pleins de malice, que vous y soyez vous-même? N'est-ce pas le sort de la bruyère, que foulent aux pieds les chasseurs, de croître sur les bords du lac? Il y a long-temps que les faucons des seigneurs n'y font plus la guerre aux hérons : pourquoi donc s'étonnerait-on de m'y voir quand vous venez y pleurer vous-même?

» — Je ne comprends pas bien ce que vous voulez dire, ma bonne mère, et vous ne répondez pas à ma question.

» — Oh! vous savez bien au fond de votre cœur que j'ai répondu juste. Déjà j'ai vu monter le rouge à votre visage quand j'ai prononcé le nom de vos pères, faudra-t-il vous le répéter? Rassurez-vous, je ne trahirai point votre secret; mais je vous aime, beau jeune homme, je vous aime comme une nourrice aime à revoir, après de longues années, l'enfant qui a sucé son lait.

» — Qui donc êtes-vous, femme singulière, dont toutes les paroles m'étonnent?

» — Je suis une pauvre paysanne qui ai compté bien des mauvais jours pendant ma longue vie; mais laissons tout cela, ajouta Benoîte en souriant avec tristesse. Vous ne croyez pas, comme ces ignorans montagnards, que je sois une fée. Que Dieu me pardonne mes péchés ! Écoutez, jeune homme, le jour passe vite dans cette saison de brouillards, profitons du temps qu'il nous laisse. Je savais que vous viendriez ici ; l'histoire de la dame du Ber vous plaira racontée sur les bords du lac et auprès des ruines de son château.

» — Il est vrai, bonne mère, que je désire vivement l'entendre ; mais, au nom du ciel ! ne pouvez-vous me dire...

» — Rien de ce qui me regarde, jeune homme. Soyez attentif et ne m'interrompez pas ; car ma mémoire commence à s'affaiblir. »

M. Henri garda le silence autant par curiosité que par le respect que lui inspirait cette femme extraordinaire, qui s'exprima à peu près dans les termes suivans.

La Dame aux Blanches Mains,

Et le Chevalier maure (1).

PREMIÈRE VEILLÉE.

I.

Ce sont les pères de nos pères qui ont fait cette histoire, il y a bien des

---

(1) On sait que les plus anciennes traditions se sont altérées pendant le moyen âge; l'ignorance des poëtes qui rimèrent alors ces vieilles épopées populaires, était commune à ceux d'entre eux qui avaient le plus d'imagination et de talent. Ainsi la plupart de nos romans de chevalerie, comme *Arthus*, *Tristan de Léonois*, *Parthonopex de Blois*, etc., composés pendant le treizième siècle, font remonter à des temps bien antérieurs les institutions et les mœurs qu'ils peignent avec fidélité et qui étaient

ours ! Ils l'ont partagée en trois veillées, en mémoire de la très-sainte Trinité.

---

celles que leurs auteurs avaient sous leurs yeux et au milieu desquelles ils vivaient. Il y a un roman de chevalerie dont Alexandre-*le-Grand* est le héros. Quoique la chevalerie n'offre avant le onzième siècle aucune trace d'existence, le guerrier arabe, qui est le personnage le plus important dans cette tradition, y portait le nom de chevalier. Nous ne le lui conservons que dans e titre. En laissant à cet ancien récit tout ce qu'il a de naïf et de merveilleux, nous avons cru devoir en réparer les anachronismes : au reste, le sujet de cette ancienne romance serait digne d'exercer une plume plus habile ; le fond en est vrai et touchant. Il offre le spectacle d'un peuple s'armamt à la voix d'un évêque pour chasser ses farouches oppresseurs. Les historiens du Dauphiné font remonter au huitième siècle ce grand événement, et nous avons essayé de donner à notre style une couleur qui se rapprochât des idées de ces temps héroïques. N'ayant point eu de modèle à suivre, on nou pardonnera d'avoir adopté une poétique nouvelle. Ainsi l'action de ce petit poëme, s'il est

En ce temps-là, les Sarrasins, ennemis de Dieu et de son Église, habitèrent nos montagnes et nos vallées. Leurs coursiers agiles bondissaient dans nos prairies, et nos pères pleuraient en voyant briser les portes des monastères, et avec leurs nobles seigneurs ils allaient par les forêts disputant aux daims et aux chamois la mousse des vieux arbres. Ils invoquaient Dieu; Dieu envoya donc une vision pendant la nuit au très-pieux évêque Isarn, qui s'était enfui vers les monts solitaires du haut pays, en emportant les reliques sacrées et la

---

permis de donner ce nom à un semblable ouvrage, est divisée en trois chants que nous appelons veillées; ces chants sont eux-mêmes partagés en strophes inégales. Nous avons souvent entendu raconter l'histoire de la fée du Ber et du chevalier Maure, on peut effectivement employer trois jours pour la dire, tant elle est chargée de détails ou ridicules ou déplacés.

bannière de saint George le fort et le redoutable.

II.

Et voici qu'un doux sommeil tomba sur les paupières d'Isarn pendant qu'il reposait à l'abri d'une grotte tapissée de verdure. Le Bréda murmurait près de-là sur son lit de rochers, le ciel était paisible; les étoiles scintillaient dans le firmament, et le vent léger soupirait comme une jeune fille amoureuse, dans l'épaisseur des vertes forêts. Alors le pasteur vit une femme dont la robe ressemblait à l'azur du ciel; elle était jeune et belle, et son sourire était doux. Ses mains étaient blanches comme le lait des brebis, mais ses yeux étaient brillans comme les éclairs de l'été. Elle dit ces paroles : « — Réveille-toi, pasteur de ces douces contrées, rassemble ton troupeau dispersé, et quitte les monts solitaires. Moi, j'habite les ondes bleuâtrès du Ber, je suis l'esprit des montagnes, et je lis dans l'avenir bien au-delà de plusieurs âges d'hommes. Un farouche émir commande dans les murs de ta cité bien-aimée; il viendra chasser le chamois sur les bruyères embaumées du Pinsot. Je me montrerai à lui, et il m'aimera d'amour.

III.

Réveille-toi, pasteur de ces douces contrées, rassemble ton troupeau dispersé, et quitte ces monts solitaires. Tu te lèveras et tu béniras le Seigneur! Alors que le son de ton cor retentisse dans les échos les plus éloignés; qu'on l'entende dans les bois les plus sombres, sur les bords de l'Isère et au sommet des monts couverts de neige. Que ce son guerrier parle à vos ames, fils de la noble reine des Alpes! Oui, Grenoble, antique cité, que ton front se pare de fleurs, et qu'un cri de victoire ébranle tes remparts désolés; qu'on le répète au sein de tes murailles, Vienne la sainte! ils viendront tous auprès de toi, les enfans des montagnes, pasteur aimé de Dieu! les nobles seigneurs et les juges du peuple accourront sur tes pas, et l'étendard du faux prophète s'inclinera devant des fronts libres. Tu prendras donc la bannière de saint George et tu la porteras quelque temps. Elle échappera à ta main, et là tu creuseras la terre et tu y trouveras une épée que les anges eux-mêmes ont trempée dans les eaux du Jourdain, et toi seul tu la toucheras, car c'est le bois arrosé du sang du Sauveur qui en forme la poignée.

IV.

Alors tu élèveras cette épée vers le ciel, et voici la chanson de guerre:

Saint George! saint George! combattez avec nous. Aux armes! descendez de vos montagnes, enfans des Alpes, comme vos torrens aux flots rapides! Qu'aucune mère ne pleure son fils, qu'aucune jeune fille ne parle d'amour, qu'aucun vieillard ne craigne sa faiblesse. Que l'impie Sarrasin s'enfuie épouvanté des domaines de nos pères; que les fleurs de nos collines ne réjouissent plus ses regards; que les flots de l'Isère emportent les cadavres des ennemis vers les mers du Midi, et qu'aucun d'eux ne puisse dire dans son lointain pays : J'ai vu les Alpes orageuses et leurs vallons fleuris; j'ai commandé dans les remparts de Grenoble la Reine et de Vienne la Sainte. Aux armes! la mort ou la victoire. Réveille-toi, pasteur de ces douces contrées, rassemble ton troupeau dispersé, et quitte ces monts solitaires. »

V.

La vision s'évanouit, et le jour brillant remplaça la nuit. Isarn se réveilla et il bénit Dieu. Il souffla dans son cor, et les nobles seigneurs et le peuple qui allaient par les forêts se rassemblèrent autour de lui. De pieuses larmes coulaient de leurs yeux; ils brandissaient leurs épées et leurs haches tranchantes, et ils criaient aux armes en invoquant saint George. Isarn portait la bannière du bienheureux, et il parcourait le pays. Les fils quittaient leurs mères, les fiancés se séparaient pour aller à la guerre contre les Maures. Dans un lieu désert de la montagne, où croît la bruyère et où fleurit le genêt sauvage, la bannière s'échappa des mains du pasteur, et là il creusa la terre. Il y trouva une épée, il la leva vers le ciel, et le souffle de Dieu embrasa son troupeau. Aux armes! disaient les échos, descendez de vos montagnes, enfans des Alpes, comme vos torrens aux flots rapides!

VI.

Quel est ce guerrier dont le front est sévère et majestueux? Un riche turban couvre sa tête, et une large épée est suspendue à son côté par une chaîne d'or. Les Sarrasins baisent la poussière de ses pieds, et les habitans de la cité n'osent soutenir l'éclat de ses regards. C'est le farouche Azaël, l'émir de la province viennoise; son cœur est encore triste et plein des souvenirs de la grande bataille de Tours. Il rêve aux plaines verdoyantes de la Loire, où ses pères sont endormis pour toujours; la vengeance respire sur ses lèvres, et il fait fermer les temples de Dieu et frapper de verges ses ministres. Il sourit dédaigneusement quand les saints martyrs prononcent anathème sur lui, et il répète avec les imans : Il n'y a point d'autre Dieu que Dieu, et Mahomet est son prophète!

VII.

Jamais le désert ne vit sortir de son sein un héros plus superbe, jamais le soleil d'Orient n'éclaira la naissance d'un mortel plus beau. Azaël méprise les vierges qui sont venues de l'Allhambra pour parfumer sa couche, il dédaigne les jeunes filles des montagnes, que ses guerriers ont réservées dans sa part du butin. Aucune femme ne sait toucher son cœur orgueilleux : c'est vainement que de belles esclaves aux yeux bleus et à la longue chevelure forment des danses sous ses yeux; il n'aime encore que la guerre, le pillage et la mort, et il est fier de dominer les Alpes qui touchent aux nuages. Pleurez sur vos collines, habitans d'Albon et de Graisivaudan, le glaive d'Azaël est levé sur vos têtes, il partagera vos terres entre ses guerriers qui prendront vos filles éplorées, et qui brûleront les toits où reposaient vos pères ; ils insulteront leurs tombeaux, et ils vous feront esclaves.

VIII.

« — Compagnons d'Azaël, levez-vous, dit l'émir, allons poursuivre le chamois sur les bruyères désertes ; préparez vos flèches rapides, et que nos vaillans coursiers boivent aujourd'hui les ondes limpides des torrens et des lacs. Parcourons nos nobles domaines ; j'aime leurs riantes solitudes et leurs collines embaumées : j'aime voir un orage se former sous mes pieds et briser la ceinture de nuages qui enveloppe les hautes montagnes. » Les Maures obéissent à leur seigneur, et les sons du cor se mêlent aux aboiemens des levriers et aux hennissemens des chevaux. Une garde sévère veille aux portes de la cité, et nul n'oserait se montrer sur les pas de l'émir, qui monte un coursier noir, aux yeux étincelans et aux narines enflammées.

DEUXIÈME VEILLÉE.

IX.

Le lac du Ber réfléchit les rayons du soir dans ses vagues bleues : le vent qui sort de la forêt fait courber sur son onde la pointe des joncs et les fleurs jaunes du nénuphar ; les oiseaux voyageurs, qui se plaisent dans les lieux solitaires, secouent à la surface du lac leurs ailes humides et blanches ; tout est silencieux sur la montagne; mais dans le lointain on entend les sons du cor qui se perdent mourans dans les échos avec les cris de la meute dévorante. Seule sur le rocher que le Ber majestueux enveloppe de sa nappe de cristal, est une belle fille pensive qui écoute en soupirant le murmure harmonieux du lac. Comme la reine de ce lieu sauvage, elle est assise sur un trône de pierre; les vents se jouent dans sa longue chevelure et dans les plis de sa robe d'azur parsemée d'étoiles d'argent: elle effeuille dans ses blanches mains une tendre fleur de géranium rougeâtre, qui naguère brillait parmi les bruyères voisines. Que Dieu nous bénisse! si ce sont des pleurs qui coulent de ses yeux sur son visage si beau, car ces pleurs ressemblent aux perles que portent avec orgueil les fiancées des riches seigneurs!

X.

Que Dieu nous bénisse ! si ce sont des paroles qui s'échappent de ses lèvres, car ces paroles sont plus douces et plus harmonieuses que les sons d'une harpe. « — Oui, je t'aime, bel étranger, je t'aime comme le soleil qui se lève dans ton pays. Je ne veux point que tu tombes avec tes frères sous le glaive d'Isarn ; tu ne mourras que sur mon sein. Accours, les filles des hommes ne sauraient te plaire ; et quand tu vins te désaltérer dans ces flots qui m'appartiennent, je jetai dans ton cœur les froides pensées de l'indifférence. Hélas ! ceux qui naîtront de nos baisers ont un avenir triste. Ta race finira quand une jeune vierge au front de roses sera comptée par ta famille future, quand son cœur aimera un seigneur des terres lointaines, qu'elle en sera aimée, et qu'un jeune chêne paraîtra sur le rivage du lac. Mais je t'aime, ô bel étranger! je ne veux point que tu tombes avec tes frères sous le glaive d'Isarn, tu ne mourras que sur mon sein. » Alors se tut la dame aux blanches mains, et elle poussa un cri de joie quand le bruit retentissant des pas d'un coursier vint frapper son oreille attentive.

XI.

L'infatigable émir a parcouru les collines et les vallons; ses dogues haletans le suivent avec peine au travers des rochers et des halliers épineux; les guerriers dirigent leurs chevaux sur les pas du jeune chef, et ils n'osent se plaindre, car Azaël méprise les hommes faibles, et il les punit de son regard sévère. Mais un chamois a paru dans le lointain, et déjà l'émir le menace de ses traits. « —Que nul ne bouge; cette noble proie doit appartenir à Azaël, fils d'Ommiah.» Et il lance son coursier indompté au milieu des ravins et des grèves désertes. Le chamois léger se joue de son terrible ennemi : on dirait qu'il a les ailes de l'aigle et la vivacité de l'écureuil; il franchit en bondissant les torrens et les cascades, fait un long détour, revient, paraît à quelque distance de l'émir, et fuit plus prompt que la flèche dirigée par un archer vigoureux. L'émir ne peut atteindre sa proie; il se consume en efforts superflus, et bientôt ses compagnons sont loin derrière lui et perdent la trace de ses pas. Ils dressent leurs tentes dans un vallon de la montagne de Saint-Pierre, où ils attendent le retour du jeune chef qu'emporte au loin son destrier.

XII.

« — A moi, mes compagnons! » C'est

en vain qu'il appelle et qu'il souffle dans son cor d'argent, aucune voix ne répond à l'émir. Pour la première fois, son coursier ne connaît plus la main qui se plaît si souvent à caresser ses flancs généreux; une écume épaisse et sanglante coule de ses larges naseaux; ses yeux ressemblent à deux lames d'airain embrasées dans la fournaise. Il franchit d'immenses quartiers de roches; il bondit sur le bord des précipices et s'élance au travers des torrens; enfin il gravit une haute montagne dont le sommet aplati renferme le bassin d'un lac, et il tombe épuisé de fatigue. Le cavalier rassemble le peu de forces qui lui restent; il remplit d'eau limpide la coiffe de fer de son turban, et il la jette, en soupirant, sur son fidèle ami du désert, sur son coursier chéri. Mais bientôt il sent s'éteindre ses propres forces; il veut en vain apaiser la soif qui le dévore; l'onde échappe à sa main tremblante; ses yeux se ferment à demi, et sa tête se penche sur les joncs du rivage.

XIII.

« — Qui es-tu, merveilleuse beauté? Tes yeux ressemblent à ceux des houris promises par le prophète aux fidèles croyans. Azaël, fils d'Ommiah, te salue; tu viens de lui rendre la vie, et tu as droit à une récompense. Quoiqu'Azaël ait toujours méprisé ton sexe trompeur et léger, il ne porte pas un cœur de bronze : parle donc, merveilleuse beauté, que désires-tu?

» — Ton vain orgueil perce dans tes discours, noble étranger. Peux-tu m'offrir quelque chose de plus pur que l'air de ces montagnes? As-tu des spectacles plus ravissans que celui de ce lac lorsque la lune y réfléchit son image? Les jardins de ton harem sont-ils plus variés et plus beaux que ces collines parfumées où l'hiver voit encore briller quelques fleurs? Ta puissance soucieuse et inquiète peut-elle se comparer à la liberté qui règne dans ce lieu sauvage?

» — Oh! que ta voix est douce, jeune fille! Tes paroles ont un charm e qui fait battre le cœur. Mais sais-tu que je suis l'émir de la province viennoise ? Vingt mille glaives se tirent à mes ordres; un seul de mes regards donne la vie ou la mort; j'ai fait rouler sur l a poussière plus d'une tête aussi jeune que la tienne; mes coursiers noirs sont plu , nombreux que les arbres de ces forêts et le sublime calife, que le Dieu éternel veille sur sa personne sacrée! me compte avec orgueil parmi ceux de sa nombreuse famille. Écoute, tu me plais; viens dans mon palais, mes esclaves seront les tiens, et tes moindres désirs seront aussi exactement remplis que les saints préceptes du Coran.

» — Tu es comme le pin orgueilleux, qui méprise l'humble primevère qui fleurit à ses pieds; la tempête s'élève et l'abat quand la primevère donne de nouvelles feuilles. Quitte ce glaive sanglant; viens t'asseoir avec moi sous mes ombrages pleins de fraîcheur: alors je m'attacherai à toi comme le lierre à l'ormeau; je t'aimerai, noble étranger, comme le lac aime les brises du soir qui caressent avec volupté ses vagues azurées. Viens, tu régneras sur ces solitudes et sur mon cœur.

XIV.

» — Perfide enchanteresse, je ne veux plus entendre tes paroles; elles sont comme le miel sous lequel est caché un subtil poison. Adieu donc pour jamais. Tu sauvas les jours d'Azaël, fille trop belle, il te pardonne ton audace, c'est là ta récompense. »

Alors l'émir appelle son coursier qui

se lève à sa voix; il remplit l'air de ses hennisemens belliqueux et bondit fièrement sous le noble poids de son maître. La jeune fille restait assise sur le rocher, quelques larmes coulaient de ses yeux pleins d'amour.

« — Écoute bien ceci, Azaël, fils d'Ommiah, si mon souvenir troublait tes songes, tu me chercherais en vain dans ces lieux, je serais perdue pour toi. Tu me reverras cependant, en prononçant ces paroles au bord du lac: Dieu des chrétiens, j'ai jeté mon glaive sanglant, rendez-moi mon épouse.

» — Non, jamais.... il n'y a pas d'autre Dieu que Dieu, et Mahomet est son prophète. »

XV.

La jeune fille a disparu en poussant un douloureux gémissement qui a retenti jusqu'au fond du cœur de l'émir. Mais la nuit a étendu ses sombres voiles sur la montagne, et l'étranger pousse son cheval au hasard : une flamme bleue, qui voltige d'arbres en arbres, brille tout-à-coup sur ses pas. Le météore répand autour de lui de mystérieuses clartés, et de temps en temps un tendre soupir, qui ressemble à la voix de la jeune fille, frappe l'oreille d'Azaël qu'agitent de nouvelles pensées.

Il entre dans le vallon où ses compagnons inquiets veillaient en attendant son retour; le flambeau qui avait éclairé sa marche s'éteignit aussitôt, et, retiré sous sa tente, l'émir appelle en vain le sommeil.

XVI.

« — Venez, mes belles esclaves, formez vos danses aimables et voluptueuses ; j'ai trop long-temps méconnu vos attraits; couronnez-vous de fleurs, que vos pieds légers s'entrelacent et forment mille pas en un moment sur mes riches tapis. Mêlez vos voix aux doux accords de la théorbe et de la cymbale sonore. Heureuse Arabie! que tes suaves parfums brûlent dans des vases d'or. Venez, mes belles esclaves, réjouissez votre maître. C'est assez, c'est assez, vos jeux ne me plaisent point; c'est vainement, ô belles vierges de mon pays, que vous essayez de distraire Azaël. J'ai vu des yeux plus doux que les vôtres, j'ai vu une chevelure qu'on ne peut comparer aux vôtres, j'ai vu enfin un sein plus blanc, un visage plus riant, des traits plus délicats. J'ai entendu une voix plus harmonieuse. Écoute, sombre Oscar, que la trompette retentisse; et que mes plus braves guerriers montés sur leurs coursiers fougueux m'offrent une image de la guerre; que leur glaive partage un voile en deux, que leur flèche passe au travers d'un anneau suspendu à un cordon de soie.

Enfans du désert, mes braves compagnons, vos armes ont l'éclat du diamant; vous êtes habiles à tirer de l'arc et à manier l'épée. Vos coursiers lancés dans l'étendue surpassent les vents en rapidité; mais cessez vos fêtes guerrières. O lac des montagnes, qu'as-tu fait de ta reine? qu'as-tu fait de ma bien-aimée? Que j'aime tes brises odorantes, paisible solitude! Comme mon oreille se plaît au murmure de tes vagues bleues, onde majestueuse qui réfléchis maintenant les rayons de la lune! Viens à moi, vierge charmante; qu'un seul de tes baisers rappelle la vie sur mes lèvres que la douleur a flétries. Depuis le moment où je te vis pour la première fois, tu m'as apparu dans mes songes, je t'ai appelée dans la solitude, je t'ai cherchée sur tes collines. O lac des montagnes, qu'as-tu fait de ta reine? qu'as-tu fait de ma bien-aimée? »

XVII.

Ainsi parla l'émir dans l'amertume de son cœur. Retiré dans l'endroit le plus secret de son harem, il soupire et répand d'inutiles larmes. Il pâlit comme un bel épi mûri par le soleil; les habitans de la cité ont pitié de leur tyran; sa sombre justice a cessé d'être menaçante et sanguinaire. Caché souvent sous le turban et le manteau d'un simple guerrier, il sort des remparts où il commande en maître, et va sur les bords du lac. Il demande aux échos la femme qu'il adore; les échos ne peuvent que répéter son nom. Si le sommeil tombe sur ses paupières fatiguées, il revoit en songe l'objet de son ardent amour, il veut presser dans ses bras cette image trompeuse de sa bien-aimée, mais la vision s'évanouit et il lui semble entendre ces mots : « Dieu des chrétiens, j'ai jeté mon glaive sanglant, rendez-moi mon épouse. » Alors il retombe sur sa couche, et il appelle vainement à son secours ses femmes et ses guerriers.

TROISIÈME VEILLÉE.

XVIII.

« Aux armes! aux armes! Azaël, fils d'Ommiah, lève-toi! Plus de dix mille lances brillent dans la plaine, ce sont les chrétiens qui menacent ta puissance. Ils poussent des cris tumultueux, et dans leur saint désespoir ils parlent de leur Dieu et de leur patrie. Un vieillard marche à leur tête, mais ce vieillard est un prêtre, et sans que son épée se rougisse de sang, tes guerriers fuient devant lui comme de vils troupeaux qu'épouvante la foudre.

» — Où fuyez-vous, soldats de Mahomet? rangez-vous autour de mon bouclier, dit l'émir. » Et sa garde terrible se rassemble : ces héros, superbes et avides de carnage, s'encouragent des regards de leur chef. Leurs coursiers font gémir la terre sous leurs pas, et des nuages de poussière se lèvent derrière eux.

Le combat fut long et sanglant, il dura depuis la première heure du jour jusqu'au moment où la nuit sombre descendit sur les deux armées. De longs ruisseaux de sang coulaient dans la plaine de la bataille. Le père, expirant de ses blessures, embrassait le cadavre de son fils, mort à ses côtés; des femmes chrétiennes parcouraient le champ fatal, et leurs mains bienfaisantes soulageaient à la fois leurs frères et leurs ennemis. Les guerriers, lassés et non vaincus, se couchent le glaive à la main à quelques pas les uns des autres, et les vautours, attirés par leur instinct, se réjouissent dans l'air de ces immenses funérailles.

XIX.

L'émir s'est fait remarquer entre tous ses guerriers, aucun d'eux n'a porté des coups plus effroyables et plus nombreux. On le voyait au milieu de la mêlée, répandant autour de lui la terreur et la mort. Son coursier nageait dans le sang. Plus d'un brave enfant des Alpes tomba sous ton glaive redoutable, puissant émir! Tu étais étonné de leur courage, et tu les trouvais dignes d'être tes sujets. Mais du moins ils tombaient, ces jeunes héros, sur le sein de leur mère; ils baisaient leur patrie en mourant, et leur dernier soupir retentissait dans plus d'un noble cœur. Que l'avenir chante leur trépas glorieux! Hélas! la patrie ingrate a oublié leurs noms; un seul, celui de leur chef, a survécu au naufrage des temps! Combien de fois le gazon a-t-il fleuri sur leurs tombes depuis le jour où se donna cette grande bataille ! La charrue a brisé les ossemens de ces braves qui moururent pour délivrer leur pays ; ils ont passé inconnus sur cette terre consacrée par leur sang, et la victoire n'a pas même consolé leur dernier regard.

XX.

Tandis que les chefs et les soldats chrétiens se livrent au repos, l'évêque Isarn, agenouillé sur les bords du fleuve qui roule encore des ondes sanglantes, invoque le Dieu tout-puissant. Sa prière monta vers l'Eternel, et il lui plut de donner la victoire à ceux qui mouraient en invoquant son nom. Comme le saint pasteur achevait sa pieuse oraison, il vit auprès de lui la jeune femme qui lui avait apparu en songe.

« — Isarn, que le Seigneur soit avec

toi; remplis d'eau pure ta coupe sacrée, suis-moi, et viens dans le camp des Maures. Ne crains pas que la garde vigilante entende le bruit de tes pas, celui que fait une fleur en ouvrant son calice à la rosée du matin frapperait plutôt leur oreille. »

L'évêque obéit, et la dame du Ber étend sur lui une de ses mains blanches. Ensemble ils parviennent sans être aperçus dans le camp des Maures, jusqu'auprès d'une tente somptueuse. Des guerriers veillaient à l'entour, sombres et appuyés sur leurs armes; et la flamme d'un large foyer éclairait de temps en temps leur visage souillé de sang et de poussière.

XXI.

C'est là que repose le vaillant émir; sa tête est penchée sur son bouclier d'acier poli, la peau d'un tigre a reçu son corps fatigué. Son glaive et sa lance homicide sont à ces côtés; sa bouche est entr'ouverte, et on dirait qu'un songe heureux est tombé sur ses paupières.

« — Il rêve, dit la vierge, il rêve qu'assis près de moi sur les bords du lac, il me dit des paroles d'amour. Les désirs brûlans de son cœur brillent dans ses yeux, la rougeur de l'espérance s'étend sur son front, et sa main tremble dans la mienne. Courbe ta tête superbe, Azaël, fils d'Ommiah! Dieu et l'amour vont descendre sur toi. »

Alors l'évêque verse sur la tête du guerrier l'eau qu'il vient de sanctifier par une courte prière. « — Azaël, fils d'Ommiah, je te baptise au nom de Dieu! » Il dit, et le guerrier pousse un profond soupir; il s'éveille, mais, attaché sur sa couche par un charme sacré, il ouvre les yeux au moment où la dame du Ber, étendant ses blanches mains sur l'évêque, disparaît avec lui.

XXII.

L'aurore n'a pas encore répandu ses prémices et naissantes clartés sur le champ du carnage, que déjà un guerrier sort du camp des Maures. Il presse les flancs de son coursier, et se dirige vers les hautes montagnes qui bordent la vallée. C'est l'émir, qu'une puissance invincible éloigne des combats; l'amour a rempli son ame de troubles et d'inconcevables pensées. Il lui a semblé pendant la nuit qui va finir, qu'il se dépouillait de son armure, et que sur un lit de feuillage et de fleurs, il pressait de ses lèvres les lèvres de sa bien-aimé.

« — Meure la gloire! s'est-il écrié, périsse le nom d'Azaël, fils d'Ommiah; celle que j'aime a visité ma tente, elle soupire après mon retour sur les bords du lac, et je ne sais quelle onde mystérieuse a coulé sur mon front : elle a rafraîchi mon sang, et, comme les enfans de l'Occident, le nom du prophète me pénètre d'horreur. Vertes collines du Pinsot, prêtez vos ombrages à ma félicité ; ô ma bien-aimée ! tout est-il prêt pour la fête de nos cœurs ? Attends-moi, fleur solitaire, qui dois t'épanouir sur mon sein. »

XXIII.

« — Qu'est devenu notre brave chef? où es-tu, vaillant émir ? Non, il n'a pas fui comme un lâche, le noble Azaël, dont le glaive s'est rougi de sang dans plus de cent combats. Que la trompette retentisse ! ses sons belliqueux plaisent à son oreille. Il reparaîtra sur le champ de bataille, et il guidera ses compagnons au milieu des dangers. »

Ainsi disent les Sarrasins aux premiers rayons du jour. La trompette retentit, mais le noble Azaël ne reparut pas sur le champ de bataille, et il ne guida pas ses compagnons au milieu des dangers. Les guerriers qui veillaient à l'entrée de sa tente ont vu l'émir sortir du camp. La terreur et la colère s'emparent de ces étrangers qui cherchent en vain leur chef : mais déjà les chrétiens s'approchent, et les Maures saisissent leurs armes, le soleil brille sur leurs boucliers et ils se préparent au combat.

» — Honte, honte éternelle à ton nom, Azaël, fils d'Ommiah ; nous allons vaincre sans lui. Indigne chef, nous pleurons sur toi, car tu fus long-temps le plus brave d'entre nous. Quand l'ange de la mort étendra sur toi ses ailes noires aussi grandes que tous les mondes, les houris toujours vierges ne t'ouvriront point leurs bras. Sois maudit, indigne chef. Allah ! Allah ! Il n'y a pas d'autre Dieu que Dieu, et Mahomet est son prophète. »

XXIV.

« — Saint George ! Saint George ! combattez avec nous. Aux armes ! Descendez de vos montagnes, enfans des Alpes, comme vos torrens aux flots rapides. »

Les chrétiens marchent serrés autour de leur sainte bannière en poussant ces pieuses clameurs. Leurs rangs se grossissent à chaque instant de la foule qui abandonne les cités et les campagnes pour combattre les oppresseurs du pays. L'évêque Isarn bénit son troupeau : il tire l'épée divine qui était cachée dans les flancs de la terre, et il donne le signal de la délivrance. Voilà qu'ils partent, nos nobles ancêtres ; ils s'embrassent en versant des larmes de joie, et le saint amour de Dieu et de la patrie fait bouillonner leur sang dans leurs veines.

« — Sois libre, terre chérie ; que

l'impie Sarrasin s'enfuie épouvanté des domaines de nos pères; que les fleurs de nos collines ne réjouissent plus ses regards; que les flots de l'Isère emportent les cadavres des ennemis vers les mers du Midi, et qu'aucun d'eux ne puisse dire dans son lointain pays : J'ai vu les Alpes orageuses et leurs vallons fleuris; j'ai commandé dans les remparts de Grenoble la Reine et de Vienne la Sainte! Aux armes! la mort ou la victoire! Saint George! Saint George! »

Et ils en vinrent aux mains dans la plaine quand le jour commençait à répandre ses douces clartés, et que le soleil radieux sortait du sein des montagnes.

XXV.

Azaël s'avance rapidement vers les monts solitaires où l'attendent ses amours. Son cœur bondit d'espérance et des joies du plaisir. Ses guerriers tombent sous le tranchant de l'épée, Azaël ne rêve qu'aux baisers de sa bien-aimée; et, pour la première fois, ce n'est pas pour la gloire qu'il déchire les flancs de son beau coursier. Bientôt il découvre le lac encore enveloppé dans les blanches vapeurs du matin : c'était l'heure où les oiseaux quittent leurs nids pour chercher leur nourriture, et où leurs joyeuses chansons retentissent dans le secret des bois.

« — Où es-tu, ma belle enchanteresse? Je viens à toi pour toujours; fais entendre ta douce voix sur le lac aux vagues bleues. Mais tu ne me réponds pas; prends pitié de mes maux et de mon amour; je suis un soldat déshonoré: je ne retournerai point au milieu de mes guerriers; ils ne verront plus ce front qui les faisait trembler; je vais mourir de douleur, et mes ossemens sans sépulture blanchiront sur ce rivage où je ne t'ai vue qu'une fois. »

XXVI.

Le rivage demeure silencieux, et Azaël désespéré remplit l'air de ses plaintes amères : il tord ses mains de désespoir, il se roule en criant sur le rocher. Tout-à-coup il se lève, et, jetant sur le lac un regard égaré, il va s'ensevelir dans ses flots ; mais une flamme légère et azurée, semblable à une étoile, paraît sur les vagues, et un soupir délicieux vient expirer à l'oreille de l'émir : un souvenir confus frappe sa pensée ; soudain il tire sa vaillante épée et la jette loin de lui.

« — Dieu des chrétiens, j'ai jeté mon glaive sanglant, rendez-moi mon épouse.

» — Azaël! Azaël!.... » Son épouse était dans ses bras ; il la pressa longtemps sur son cœur.

Une tour s'est élevée sur le rocher,

et c'est là qu'Azaël habite avec sa bien-aimée. Puisse Dieu préserver sa postérité du sort qui la menace ! Puisse l'orage déraciner le chêne qu'une main imprudente planterait sur les bords du Ber, et puisse une vierge ne jamais naître de leur hymen mystérieux !

XXVII.

La bataille ne fut pas longue. Quand le soleil occupait le milieu de la voûte du ciel, les chrétiens crièrent victoire, et les Sarrasins s'enfuirent. Mais peu de ces guerriers évitèrent la mort ; partout où ils se retirèrent, ils tombèrent sous le glaive. Maintenant ouvre tes portes, ô Reine des Alpes ! Les ennemis ne souillent plus tes remparts délivrés. La croix et l'image de saint George sont suspendues aux créneaux de tes tours. Le saint évêque entre dans la cité, et le peuple le suit en foule aux pieds des autels relevés par son courage, et il y dépose l'épée qu'il a reçue de Dieu pour sauver son troupeau : c'est cette vieille épée que les Dauphins portent à la guerre. Voici ce que fit Isarn après s'être enfui vers les monts solitaires du haut pays, en emportant les reliques sacrées et la bannière de saint George le fort et le redoutable.

TROISIÈME RÉCIT.

LES HÉRAUTS D'ARMES.

> Amour et seigneurie
> Ne vont guère de compagnie.
>
> PROVERBES.

> Voyez flotter votre noble bannière,
> Jeunes héros, cessez vos chants d'amour.
> Laissez le daim bondir sur la bruyère,
> Il faut enfin que la gloire ait son tour.
>
> * * *

UN épais brouillard enveloppait le lac et les montagnes quand la vieille Benoîte termina l'histoire merveilleuse de la Dame du Ber, que le voyageur n'avait pu écouter sans éprouver la plus vive émotion. Il demeura un instant plongé dans une profonde rêverie; il semblait qu'il fût transporté vers ces temps reculés dont la tradition crédule et pieuse avait conservé les annales dans leur énergique et gracieuse simplicité. Tous les feux d'une noble exaltation brillaient dans ses regards; la rougeur de son visage et les battemens précipités de son cœur décelaient un trouble extrême.

« — Oh! que ces souvenirs, s'écria-t-il, ont de puissance sur mon ame! Il n'y a rien dans l'histoire des hommes qui soit plus touchant que ces traditions des chaumières qui rapprochent les âges et lient le présent aux siècles passés. Ainsi, vieille terre de Dauphiné, tu n'as pas eu un poëte qui célébra ces batailles anciennes où nos pères vainqueurs établirent ton indépendance; mais du moins depuis que dix siècles ont lentement passé sur ces forêts, que de nouveaux torrens ont sillonné leurs flancs, que d'autres lacs ont surgi dans ces solitudes, le montagnard religieux n'a point oublié tes fastes inconnus et secrets comme les beautés que la nature a répandues dans ton sein! Et moi-même, après mille ans, je trouve que ce désert a conservé tous les charmes qui désarmèrent le chef des étrangers, il me semble que l'être surnaturel dont les amours payèrent sa gloire, va sortir à mes yeux de ces ondes mystérieuses. Il y a de la vérité au fond de ce récit; ce fut sans doute une jeune fille innocente et belle qui opéra ce miracle, et ses contemporains reconnaissans lui attribuèrent un pouvoir que ne donne pas la nature. Naïve et poétique illusion de ces hommes simples, qui, regardant la liberté comme le premier de tous les biens, ne voulurent la tenir que du ciel!

» — Et vous soutiendrez encore, dit la vieille femme avec sensibilité, vous soutiendrez encore que ce n'est pas du sang dauphinois, du vieux et noble sang dauphinois qui coule dans vos veines! Mais ne trahissez point pour moi le mystère qui vous environne :

pourriez-vous me dire quelque chose que je ne sache point déjà! Si les prières d'une vieille fille d'Eve, qu'on méprise et qu'on injurie pour ses péchés, avaient quelque pouvoir dans le ciel, vous n'auriez bientôt plus rien à désirer; écoutez-moi : Je vis seule et malheureuse; je ne sais point ce qui se passe dans le monde, car chacun s'éloigne de moi comme d'un esprit malfaisant; qui donc a pu m'apprendre que vous aviez des chagrins dans le cœur? Je ne dois pas vous le dire; mais si l'avenir, qui m'a rarement trompée, se peint fidèlement à mes yeux, peu d'années s'écouleront avant que vous n'ayez triomphé de vos ennemis et de ceux de votre illustre maison. C'est peu de chose, digne jeune homme, qu'un nom glorieux que n'accompagnent point la vertu et la bienfaisance; mais c'est beaucoup pour celui qui sait dignement le porter. Souvenez-vous de la vieille Benoîte qui vous a fait cette prédiction sur le rocher du Ber, au moment où la nuit descendait de la montagne, et où les oiseaux de proie criaient dans la forêt. Hélas ! Peut-être viendrez-vous alors me chercher dans ce lieu qui me plaît à cause de sa tristesse; mais je n'entendrai plus votre voix, je ne viendrai plus cueillir ici des bruyères sèches pour ma couche que tant de larmes ont arrosée ! Peut-être la charité aura-t-elle jeté un peu de terre sur moi, et je ne pourrai plus entendre le soir le murmure du lac, et je ne me promènerai plus dans mes bois ! »

Elle cacha sa tête dans ses mains, et pleura amèrement, tandis que M. Henri, de plus en plus étonné, s'efforçait de calmer sa douleur.

« — Rassurez-vous, bonne mère, rassurez-vous ! Je prendrai soin de vos vieux jours; je réparerai envers vous les torts de la fortune; je veux que vous viviez dans l'aisance, et que personne ne vous reproche votre misère. Acceptez, Benoîte, acceptez cette marque de mon estime et de la satisfaction que j'éprouve en ce moment.

» — Que dites-vous, Monsieur? Si vous offriez une cage à ces beaux oiseaux qui jouent sur le lac, ils s'enfuiraient, et diraient pour jamais adieu à ce pays. Que ferais-je, moi, de ces pièces d'or? ma seule fortune était ma chère Guite, ma vieille chèvre qu'on a tuée par mégarde, car Rambaud n'est point un méchant homme, quoiqu'il parle souvent de la guerre où il a été. Je n'ai pas besoin de filer beaucoup pour couvrir ces membres dans lesquels il n'y a presque plus de sang. Mon ouvrage est fini sur la terre; il faudra bientôt que j'aille en rendre compte au maître qui me l'avait donné; et savez-vous si le bonheur que je regrette ne valait pas mieux que votre or. Gardez cela pour ceux qui en seraient plus reconnaissans que moi.

» — Je suis fâché, bonne mère, que vous ne veuilliez point m'obliger encore en acceptant ce que je vous offre de si bon cœur.

» — A Dieu ne plaise, noble jeune homme, que je puisse vous offenser! Je refuse vos présens, parce qu'ils me seraient inutiles; mais je dois vous dire que si je pouvais me charger d'un tel fardeau, j'aimerais à l'avoir reçu de votre main. Allons, ajouta-t-elle en saisissant son bâton, il est temps de reprendre le chemin du bourg; la lune va bientôt nous éclairer; et comme vous pourriez vous égarer, je vais marcher devant vous. » A ces mots, elle se leva, et M. Henri, qui n'avait pu la faire consentir à s'appuyer sur son bras, la suivit en silence.

« — Sainte Vierge ! c'est la vérité, Jacques, cet honnête étranger n'est pas dans sa chambre, les cendres du foyer sont froides, il y a long-temps qu'il est absent. Plusieurs fois dans la journée j'ai monté l'escalier sur la pointe du pied, j'ai appliqué mon oreille à la porte pour savoir s'il n'avait besoin de rien, comme c'est le devoir d'une hôtesse vigilante, mais je n'ai entendu aucun bruit, j'ai cru qu'il dormait. Qui sait ce qu'il est devenu ? peut-être est-il tombé dans un précipice, et quelque honnête ouvrier des mines va nous rapporter son corps défiguré ?

» — N'ayez point toutes ces craintes, ma bonne tante, M. Henri reviendra ; il est plus près de nous que vous ne pensez.

» — Qui peut être sûr de son existence maintenant, Jacques ? les habits verts prennent aussi souvent un homme qu'un chamois pour but de leurs balles. Mais s'il était mort, sainte Vierge !

croyez-vous qu'il fût besoin de parler du cheval qu'il a laissé dans notre écurie? »

L'hôtesse alarmée ne put entendre la réponse de son neveu, car dans ce moment M. Henri poussa vivement la porte de l'auberge, et il s'empressa de rassurer ses habitans qui l'attendaient avec tant d'impatience. Il cacha avec soin l'excursion qu'il avait faite dans la journée, et si l'hôtesse entrevit du mystère dans sa conduite, elle ne confia ses soupçons à personne; seulement elle se promit bien que son hôte ne pourrait plus ainsi sortir sans qu'elle sût où il allait.

Rambaud et sa sœur Nanette arrivèrent presqu'en même temps, et M. Henri ne fut pas fâché de leur présence, qui lui évitait une promenade dont il n'avait pas besoin ce soir-là. Il les fit placer à table auprès de lui; le repas fut gai, et quand il fut terminé, le digne Jacques Morel continua l'histoire qu'il avait commencée. M. Henri l'accompagna le lendemain et les jours suivans à la ferme, et il lui raconta à diverses reprises la chronique du sire de Crouy, que nous ne couperons plus par aucun autre récit. Nous croyons inutile de dire que M. Henri ne cessa pas de trouver, chez ses nouveaux amis, la même hospitalité. Touché de l'obligeance et de la bonté de ces montagnards, il ne tarda pas à trouver l'occasion de leur témoigner sa reconnaissance, car le mariage de Jacques Morel et de Nanette était fixé, et tous les préparatifs s'en faisaient avec solennité à la ferme de Rambaud et à l'auberge du château. Nous plaçons ici les récits que fit successivement le savant d'Allevard, dans l'ordre établi par lui-même.

Suite de la Chronique du sire de Crouy.

Une clarté douteuse brillait à peine au sommet des montagnes, quand le sire de Crouy rentra dans son château par la poterne secrète. Le plus profond silence régnait dans ce vaste édifice, et le bruit de ses pas résonna seul sur les larges dalles des corridors qu'il traversa précipitamment. Une profonde douleur se peignait sur le visage décoloré du baron, il essuyait en soupirant la sueur qui coulait sur son front, et prononçait quelques mots sans suite qui attestaient l'agitation de son cœur. Après s'être dépouillé de son manteau, de son chaperon et de son épée, il écrivit quelque temps sur des parchemins qu'il scella de son sceau à la clarté de la lampe qui brûlait aux pieds de sa couche, et parut plus tranquille. Mais il ne put goûter aucun repos, et aux premiers rayons du jour il parcourait à grands pas les salles de son manoir.

« — Qu'on appelle Roland Amblard, et qu'il vienne recevoir mes ordres.

» — Sire, répond un page quelques instans après, le chef des hommes d'armes n'est point au château.

» — Qu'on me prévienne aussitôt qu'il sera de retour.

» — Sauf le bon plaisir de votre seigneurie, je dirai que ni la sentinelle, ni maître Robert le majordome n'ont vu sortir Roland Amblard, et pourtant il n'est point ici, car c'est en vain qu'on l'appelle.

» — Qu'est-ce à dire? c'est bien, jeune page, éloignez-vous. Par saint Étienne de Hongrie! aurait-il eu l'audace de suivre mes pas; serait-ce lui qui est tombé sous les coups du brave Monteynard que j'ai combattu? Le malheureux! serait-il temps encore de le secourir! »

Alors le sifflet d'argent du maître retentit une seconde fois, et deux pages accourent à ce signal.

« — Que plusieurs de mes hommes d'armes partent à l'instant pour le col de l'Évêque; je me souviens qu'hier soir je chargeai Roland Amblard d'un message qui le forçait à passer par ce lieu solitaire où il peut lui être arrivé quelque mésaventure. Qu'un autre monte à cheval et se rende à toute bride au prieuré de Saint-Hugon, et qu'il dise de ma part au père Soffréon que le châtelain d'Allevard a besoin de le voir aujourd'hui, à l'instant même; allez. » Les deux pages s'éloignent, et les ordres du baron sont aussitôt fidèlement exécutés.

Quelques hommes armés pressent les flancs de leurs chevaux sur la route d'Allevard. L'un d'eux porte la bannière du Dauphin, et devant lui un écuyer sonne de temps en temps de la trompette. Ce sont les hérauts d'armes qui parcourent toutes les châtellenies pour faire connaître la proclamation qui convoque le ban et l'arrière-ban de Dauphiné. De toutes parts sur leur passage s'élèvent les cris de guerre à Édouard! vive Guigues, notre prince bien-aimé!

Parmi les chevaliers dont cette troupe brillante se compose, il en est un qui se fait remarquer par sa jeunesse et la mâle beauté de ses traits. Aucune devise ne pare son écu, et il ne lève la visière de son heaume que dans les intervalles inhabités qui se trouvent entre les villages que traverse la cavalcade.

« — Holà! majordome, voici des gens de bonne mine qui nous arrivent, venez les reconnaître et baisser le pont, car ce sont des amis; l'un d'eux porte la bannière du Dauphin notre seigneur. » Ainsi s'écria la sentinelle du haut de la tour du Treuil, comme alors on appelait la tour principale du manoir seigneurial d'Allevard.

« — Qui vive? dit le majordome, d'une voix retentissante; êtes-vous amis, ou ennemis ? »

La trompette sonna trois fois, et un héraut d'armes s'avançant près du pont, s'écria : « — Saint George! de par mon seigneur le Dauphin, je fais savoir à tous les nobles hommes et vassaux de cette châtellenie, qu'il lui plaît de convoquer le ban et l'arrière-ban de ses domaines, sauf les droits et priviléges du pays. Ainsi, baissez le pont-levis, car il faut que je m'acquitte d'un message particulier envers le noble châtelain d'Allevard.

» — Que saint George vous soit en aide! » repartit le majordome. Peu d'instans après le pont se baissa, et le sire de Crouy vint lui-même, entouré de ses hommes d'armes, recevoir ses hôtes.

Dans ce vieux temps ce n'était pas l'usage du Dauphiné que la guerre se fît suivant le bon plaisir du prince; il y avait peu de communes et de seigneurs qui n'eussent le privilége de s'y opposer, en refusant de prendre les armes ou en ne servant qu'à certaines conditions. Aussi quand le Dauphin déclarait la guerre à un prince voisin, il était nécessaire qu'il prévînt les seigneurs par lettres closes, et les communes par proclamation. L'armée se composait en peu de jours, car le nombre d'hommes à pied et à cheval, que devaient fournir les villes et les châtellenies, était fixé d'avance par des chartes des anciens dauphins. Mais quand le ban et l'arrière-ban du pays étaient convoqués dans l'intérêt général, les bourgeois des villes et les francs-tenanciers, appelés hommes delphinaux, étaient obligés de marcher. Cette milice était sous le commandement particulier du bailli de Graisivaudan, et alors toute l'armée était commandée par le Dauphin en personne ou par le maréchal de Dauphiné. Ces hautes fonctions n'étaient jamais confiées qu'à l'un des quatre grands barons. Mais lors de la guerre contre Édouard, comte de Savoie, tous les Dauphinois prirent les armes spontanément. L'ambition du comte était connue, et son caractère implacable et altier faisait naturellement penser que, dans ses différends avec le Dauphin, ce n'était pas ce prince qui avait tort. D'ailleurs le gentil Guigues, qui régnait alors, était un souverain selon les cœurs dauphinois; comme tous les princes jeunes il faisait la joie et l'espérance de son peuple; son courage était passé en proverbe; sa magnificence égalait sa bonté, et si l'amour ne lui eût fait commettre quelques fautes graves, son nom serait arrivé pur à la postérité.

Le sire de Crouy, pendant la minorité de ce prince, n'avait point paru à la cour. On ignorait encore quel parti il prendrait dans la querelle du Dauphin avec Édouard de Savoie, dont il était le parent. Telle était la cause du message que le Dauphin lui envoyait.

Lorsque le pont fut baissé, le héraut d'armes, portant le pennon aux armes de Guigues, fit quelques pas en avant, et s'adressant au baron, il lui dit : « — Mon très-cher sire, le Dauphin Guigues, mon maître et notre seigneur, vous salue, et vous fait savoir que la guerre entre lui et Édouard de Savoie est déclarée. Grand nombre de bonnes lances et de loyaux hommes s'apprêtent à soutenir la justice de sa querelle, et notre gracieux Dauphin désire savoir s'il ne vous plaît point que votre bannière se lève pour ses droits en cette circonstance, comme il a été dit par quelques personnes, à cause de votre parenté avec Édouard.

» — Gloire et honneur au Dauphin, notre seigneur! répondit le baron; ceux qui ont tenu ce vilain propos en ont menti; par saint Étienne! quand mes pères proscrits trouvèrent un asile en ce pays, ils prêtèrent foi et hommage au Dauphin pour le fief d'Allevard, et croit-on que leur royal sang se soit déséché dans mes veines?

» — Ceux qui le soutiendraient, repartit le héraut d'armes, trouveraient sans doute à qui parler; mais notre gracieux Dauphin lui-même se plaint de vous, mon très-cher sire. Comment se fait-il que les habitans des frontières ne soient plus protégés contre les maraudeurs d'Édouard? Ce n'est pas la coutume des nobles barons d'Allevard, de laisser paître en plein midi les chevaux des gens d'armes de Savoie dans les prairies du Graisivaudan. »

Le baron rougit de dépit et de colère, mais ce reproche mérité pesa sur son cœur; il sentit que la funeste passion dont il avait subi la puissance, avait terni sa gloire, et il répondit modestement et avec fermeté : « — Cette épée est au Dauphin et au service du pays, Messire; si elle est restée quelque temps oisive à mon côté, par saint Étienne! je puis réparer le temps perdu. Le Dauphin saura un jour la cause de mon inaction, et, comme il est généreux et ami des dames, il me recevra à merci.

» — C'est une chose déjà faite, noble châtelain, s'écria un des chevaliers, en levant sa visière et sautant légèrement à terre. Nous connaissions votre valeur éprouvée, et par saint George! il nous a été agréable de vous entendre protester de votre zèle pour notre service. »

A ces mots le jeune Dauphin embrassa le baron, qui reconnut, dans ceux qui accompagnaient le prince, Jean de Theys, bailli de Graisivaudan, et Imbert de Clermont, maréchal de Dauphiné.

« — Hérauts d'armes, dit le Dauphin, continuez votre marche; allez prévenir nos fidèles nobles et sujets; nous accepterons pendant quelques heures l'hospitalité du sire d'Allevard. » Une partie des hommes d'armes s'éloignèrent aussitôt après avoir bu le vin de l'étrier, tandis que le Dauphin et sa suite, introduits dans la grande salle du château, se mirent joyeusement à table où la belle Agnès de Sassenage vint prendre place.

« — Sur l'honneur des chevaliers, dit Guigues, après avoir salué la dame avec grâce, si nous ne vous avions d'avance accordé votre pardon, sire de Crouy, nous concevrions maintenant l'oisiveté de votre lance. Jamais les nobles Sassenage n'ont vu dans leurs riches domaines fleurir une plus belle plante. Ainsi vous avez consacré à l'amour bien des journées que les maraudeurs de Savoie ont su mettre à profit; mais quoique ce soit chose douce et plaisante à un bon chevalier que l'amour de sa dame, dans nos temps de guerre et d'ambition, on ne peut trop mettre d'accord la galanterie avec les devoirs imposés à quiconque sait manier une lance. »

La dame jeta sur son époux un regard mélancolique, et le baron, déconcerté, cherchait une réponse évasive, quand un bruit singulier se fit entendre dans la cour du château. Le baron fut heureux de pouvoir s'excuser un moment sur le désir de connaître la cause du tumulte qu'on entendait, et il laissa ses nobles hôtes, qui continuèrent à tenir des discours galans et courtois.

« — Au nom du diable! maître Robert, vous ne savez ce que vous dites, j'en demande pardon à ce vénérable père devant qui vous me faites jurer; mais il n'a pu être appelé ici pour moi. Par saint Hugon! je ne suis point blessé à mort, et je sens qu'une bonne tranche de chamois, arrosée de vin vieux, me vaudrait mieux qu'un sermon. »

C'est ainsi que s'exprimait Roland Amblard, qui entra dans le château porté par ses compagnons d'armes en même temps que le père Soffréon. Le religieux s'imagina, en voyant un homme blessé, qu'on avait souhaité sa présence pour lui donner des secours spirituels. Maître Robert, le majordome, que Roland avait souvent brusqué, était bien aise de trouver l'occasion de se venger, et il assura de nouveau le religieux que son maître le priait de disposer Amblard à partir pour le ciel. L'homme d'armes, affaibli par la perte de son sang, ne pouvait faire de résistance qu'en paroles, et le bon religieux s'efforçait de vaincre ce qu'il appelait l'obstination du malade.

« — Écoutez-moi, mon fils, vous n'avez peut-être qu'un moment pour vous réconcilier avec Dieu.

» — Comme je suis bon chrétien, mon digne père, je vous répète qu'il vaut mieux donner à boire à ceux qui ont soif que de leur dire des paroles qu'emporte le vent.

» — Allons, Roland Amblard, mon brave ami, dit le malicieux majordome, voulez-vous qu'on aille chercher votre bonne vieille mère? Elle serait inconsolable si elle voyait son fils mourir comme un payen. Ecoutez le père Soffréon, et dites-lui vos péchés.

» — Jamais nœud coulant fait à une bonne corde de chanvre ne sera mieux placé qu'à ton cou, majordome maudit; mais si je ne puis te faire pendre, j'userai sur ton dos plus d'une lanière, foi d'homme d'armes!

» — Qu'on le porte à la chapelle, dit le majordome, il sera peut-être plus pieux dans un lieu saint. Pauvre Roland Amblard!

» — Fais des vœux pour ne pas mentir, suppôt de Satan; car je ne manquerai pas à ma promesse.

» — Hélas! s'écria le religieux, le temps se passe, mon fils, et l'éternité s'avance.

» — Écoutez, mon digne père, il est possible que l'éternité s'avance, car, nous autres hommes d'armes, nous ne savons pas le latin pour nous mêler de ces choses-là; mais, croyez-moi, gardez vos bonnes prières pour une meilleure occasion. Je vous jure, par tous les saints de votre ordre, que je n'ai nulle envie de mourir.

» — Portez-le dans la chapelle, mes braves, répéta le majordome.

» — Arrêtez ! s'écria Roland Amblard d'une voix de tonnerre, car la colère commençait à l'enflammer et à lui rendre des forces, je suis votre chef et votre ami, portez-moi à l'office, et si jamais vous chantez le *requiem* sur mon corps, battez la mesure, avec le bois de vos lances, sur le dos de maître Robert, dont certainement j'emporterai les oreilles dans l'autre monde. »

Telle était la cause du bruit qu'on avait entendu et qui durait encore lorsque le sire de Crouy parut. A son aspect, le majordome s'éloigna, et Roland Amblard, en voyant son maître, reprit tout son avantage ; la méprise fut expliquée en un moment.

« — Roland, dit le châtelain, il faut que vous vous croyiez bien sûr de mon amitié pour oser ainsi manquer à l'obéissance et au respect que vous me devez. Mais, ô ciel ! vous êtes blessé ? où vous a-t-on trouvé ?

» — Ce n'est qu'une égratignure, mon noble maître; le clair de la lune m'a toujours porté malheur, mais cela ne sera rien. Accordez-moi merci pour cette fois, c'est dans de bonnes intentions que j'ai été me promener au col de l'Évêque, et votre seigneurie...

» — Silence! Amblard, vous vous justifierez une autre fois; j'espère que votre blessure n'aura pas de suite. Je pars dans quelques heures, la guerre est déclarée, vous ne pouvez me suivre dans cet état. »

Roland baissa la tête avec tristesse, et une grosse larme roula dans ses yeux. « — Hélas! dit-il, puisse ma blessure être mortelle!

» — Ne vous affligez pas, Roland, vous resterez ici; je laisse le château sous votre garde, et je vous y donne plein pouvoir. Qu'on aille prévenir les femmes de dame Agnès, pour qu'elles lavent la blessure d'Amblard, et qu'on ait soin de sa personne. Quant à vous, mon digne père, ajouta le châtelain en saluant le religieux avec respect, veuillez me suivre et m'écouter un moment; c'est moi qui ai besoin de vos consolations et qui vous ai fait prier de passer au château. »

Le sire de Crouy demeura longtemps enfermé avec le religieux; on ignore quelle fut la cause et le sujet de leur entretien. Quelques instans après le châtelain fit ses adieux à sa compagne, et suivit le Dauphin à la tête de ses vassaux. Roland Amblard désespéré se fit porter au haut de la tour, d'où il regarda tristement dans la vallée les flammes des lances agitées par le vent. « Puisque mon seigneur veut que je sois le maître ici, murmura-t-il entre ses dents, du diable! si je ne prouve bientôt que je connais la valeur de ce mot. »

Le religieux se dirige du côté de la tour du Ber; chargé des secrets du baron, il va s'acquitter d'un pieux devoir, et sa vertueuse charité s'afflige des maux que causent les passions des hommes. Tout était en mouvement dans le fief des Vavassours. Le chef que son âge enchaînait au milieu de sa famille, aidait Quentin à se revêtir de ses armes. Sa mère cachait en pleurant dans les plis du haubert de son fils une sainte relique à laquelle sa dévotion attachait une grande puissance. Ermia regardait avec tristesse les apprêts de ce départ, et d'affreux pressentimens agitaient son cœur. Son frère, au retour de la chasse, avait jeté sur elle des regards froids et sévères; elle n'osait l'interroger; elle était tremblante et pâle comme ces roses qui fleurissent pendant l'automne.

Quand tous les préparatifs furent terminés, et que les hommes d'armes, dont Quentin devait être accompagné, eurent sellé son destrier, le vavassour portant l'épée de son fils vint sur la porte de la tour pour lui faire ses adieux et lui donner sa bénédiction; son épouse et sa fille étaient auprès de lui. Quentin s'agenouilla suivant l'usage.

« — Prenez cette épée, mon fils, dit le vavassour, et ne la tirez jamais que pour le bien de votre pays et l'honneur de votre famille. Que Dieu vous accorde le courage et la prud'hommie de vos ancêtres.

» — Mon père, répondit Quentin, je jure que l'honneur de ma famille m'est plus cher que la vie; je saurais le défendre et le venger si quelqu'un l'avait outragé. Adieu, mes nobles parens, si je trouve la mort en combattant, puissiez-vous n'avoir jamais besoin de mon bras. Ermia, souvenez-vous du jour de mon départ.

» — Adieu, mon fils, reprit le vavassour, que Dieu préserve notre vieillesse d'une si grande infortune! Je regrette qu'Ennemond ne soit pas près de nous dans ce moment; mais dites-lui bien qu'il a ici une épouse et un père.

» — Ennemond! dites-vous? grand Dieu! secourez ma sœur!... » A ces mots il s'élança sur son destrier, et s'éloigna sans retourner la tête. La jeune damoiselle venait de s'évanouir dans les bras de sa mère.

Le lendemain de la proclamation de guerre, Roland fit rassembler les hommes d'armes qui demeuraient au château pour la garde du fief. Il alla respectueusement déposer les clefs du manoir aux pieds de dame Agnès, et songea à exécuter un projet qu'il avait conçu pendant la nuit. Il marchait avec peine en se servant d'un bois de lance qu'il eut un moment l'envie d'essayer sur les épaules de maître Robert; mais dans cette circonstance l'intérêt de son maître l'emporta sur son ressentiment.

« — Vous êtes un zélé serviteur de

cette noble maison, lui dit-il gravement; maître Robert, nous réglerons une autre fois le compte que nous avons ensemble, et vous savez que vous ne perdrez rien.

» — Par saint Pierre! s'écria aussitôt le majordome, que je suis aise, mon digne Roland, de vous voir en meilleure santé et d'humeur plus joyeuse.

» — Qu'on se taise quand je parle, répliqua sèchement l'homme d'armes, de par tous les diables! il ne s'agit ni de ma santé ni de mon humeur, et je vous conseille, maître Robert, de ne pas vous en inquiéter à l'avenir. Je vous confie le soin du château; je sais que dans l'occasion vous avez manié une viennoise et bandé un arc, comme c'est l'usage d'un honnête homme; veillez à ce que la sûreté de dame Agnès ne soit pas troublée, à ce qu'aucun de ces vagabonds qui jouent de la vielle et chantent des ballades ne pénètre dans le château ; enfin comportez-vous dignement et prudemment. Si vous y manquez, maître Robert, vous pouvez être certain que je vous ferai prendre l'air à la plus haute branche du plus haut sapin de la forêt. Quant à vous, mes braves, liez-moi sur mon cheval avec les courroies que vous pourrez trouver, et allons rejoindre notre seigneur. Que je meure s'il se donne sans Roland Amblard un seul coup de sabre pour l'honneur du Dauphiné ! »

On fut forcé d'obéir aux ordres de celui que le sire de Crouy avait investi de son pouvoir, et Roland Amblard, attaché sur son cheval, rejoignit l'armée du Dauphin, en excitant par de vieilles chansons de guerre les hommes armés qu'il rencontra sur son chemin.

QUATRIÈME RÉCIT.

LA BATAILLE.

> Voici le jour et voici l'heure ! Voyez se
> rembrunir le front du superbe Édouard,....
> Édouard ! les chaînes et l'esclavage.
>
> LE CHANT DE ROBERT BRUCE.

> Allons, enfans de la patrie,
> Le jour de gloire est arrivé.
>
> ROUGET DE L'ISLE.

LES jours se sont rapidement écoulés depuis que le jeune Guigues, dauphin, comte d'Albon et de Graisivaudan, a convoqué le ban et l'arrière-ban de ses États. Les chevaliers bannerets, les vavassours, les milices libres des communes ont répondu avec empressement à l'appel de leur souverain, autant par dévouement pour lui, que par haine contre l'implacable et ambitieux Édouard, comte de Savoie et de Piémont.

La bonne ville de Grenoble avait été indiquée comme le rendez-vous général des troupes. Un soir on avait vu des feux briller sur toutes les collines du Graisivaudan, et de créneaux en créneaux ce signal de la guerre vola avec la rapidité de l'éclair précurseur de la foudre. Soudain la voûte des vieux châteaux retentit sous les pas bruyans des hommes d'armes; de toutes parts s'élèvent des voix confuses et menaçantes. Le jeune homme ceint l'épée de son père, le noble baron rassemble ses vassaux, les maires et les syndics convoquent les citadins et les habitans des bourgs, le cri d'armes *Saint-George et Dauphiné!* frappe tous les échos, retentit dans tous les cœurs, éveille tous les courages. A peine l'aube du jour commence-t-elle à dorer la cime des Alpes, que toutes ces masses armées s'ébranlent simultanément ; le riche habitant de la vallée, le robuste montagnard s'avancent et se pressent comme les flots tumultueux d'un torrent sous les remparts de la noble cité, siége de la puissance delphinale.

Guigues, à peine âgé de dix-sept ans, revêtu d'une armure brillante, mais la tête découverte, traverse la place qui sépare son palais de l'antique abbaye de Saint-André. Il est entouré de ses officiers, des seigneurs ses vassaux et de ses nobles alliés. Près de lui est Henri de Dauphiné, évêque de Metz, son oncle et son tuteur. Ce sage et vertueux prélat a tenu d'une main ferme les rênes de l'État pendant la minorité du Dauphin, que l'hymen vient seulement d'émanciper. Timide encore comme une fiancée, la fille des Valois, la noble Isabelle de France marche à côté de son époux. Deux pages suivent, qui portent l'un les gantelets du Dauphin, l'autre son heaume. On voit ensuite le sénéchal de Dauphiné vêtu de sa longue robe noire fourrée d'hermines, le bailli de Graisivaudan et les juges de la cour du Dauphin, le mistral suivi des véhiers et des prévôts, les clavaires des villes principales et les mayniers des abbayes et des seigneurs ecclésiastiques (1).

---

(1) Tels étaient les noms des premiers officiers du Dauphin et des seigneurs ; ils indiquent assez les fonctions dont ils étaient chargés. Les véhiers étaient des viguiers (*vicarii*) ; ils étaient les lieutenans du seigneur. Les clavaires étaient chargés de la clef des villes; ce titre était principalement affecté à celui qui remplissait ce devoir dans la ville de Romans. Les mayniers étaient les chargés d'affaires des seigneurs ecclésiastiques. Nous ferons observer que dans la langue qu'on parle encore dans les environs de Grenoble, le mot *mayneau* ou *meyno* signifie un garçon joyeux, un jeune homme.

Parmi les seigneurs et les nobles qui font partie de ce cortége, on remarque Hugues de Genève, seigneur d'Anthon, cause innocente de la guerre qui divise de nouveau la Savoie et le Dauphiné; Aimard, comte de Valentinois, Jean de Châlons, baron d'Arlay, Rémont de Baux, comte d'Avelin, Jean de Monteynard, baron des Adrets, le sire de Crouy, seigneur d'Allevard et de Bellecombe, Aubert du Terrail, seigneur de Bayard, Guy de Clermont, premier baron de Dauphiné, Albert de Sassenage, le sire de Bressieu, le sire de Mont-Maur; ces quatre seigneurs occupent une place distinguée dans les États du pays, et sont reconnus comme les chefs de la noblesse par la loi politique de Dauphiné. Une foule de gentilshommes riches et puissans augmentent cette suite brillante qui s'avance à pas majestueux auprès de l'abbaye où est déposée la bannière nationale.

Les voûtes du temple sont bientôt frappées des chants solennels et religieux qui implorent les bénédictions de l'Éternel pour l'armée dauphinoise. L'abbé de Saint-André prend sur l'autel la bannière de saint George, et la remettant entre les mains du Dauphin agenouillé, il lui promet la victoire, tandis que le jeune prince atteste le ciel de la justice de sa cause. Soudain les quatre grands barons tirent leur épée, tandis que le Dauphin dit d'une voix ferme et élevée : « — Ceci est la bannière de saint George, protecteur de ce pays : or, nobles seigneurs, vavassours et bourgeois des communes, Édouard de Savoie a violé notre territoire au mépris des traités les plus saints ; il assiége les châteaux de notre féal sujet Hugues de Genève, seigneur d'Anthon. Nous lui avons fait représenter par notre roi d'armes que sa conduite était injuste et déloyale ; il a répondu (puisse Dieu lui pardonner son mensonge!) que c'était nous qui retenions injustement en notre pouvoir des domaines au-delà du Rhône qui appartenaient à ses ancêtres; sur quoi, nous disons qu'il a menti et qu'il ment, et que nous vengerons par les armes l'offense faite à notre État: ainsi, que Dieu et saint George aident la bonne cause! » Alors les barons poussèrent trois fois le cri de guerre, *Saint-George et Dauphiné!* Il fut aussitôt répété par les assistans; il retentit dans les rues de la ville, et, se mêlant au bruit des cloches, les soldats campés autour des remparts l'accueillirent en heurtant leurs armes.

Depuis plus de deux siècles, les comtes de Savoie étaient les ennemis acharnés des dauphins, dont la puissance menaçait de devenir formidable. Les traités que ces princes faisaient à la suite de leurs contestations étaient rarement observés, soit que les guerres particulières des seigneurs détruisissent le bon accord entre les deux pays, soit que leurs domaines se touchassent de trop près pour que les causes de leur rupture ne se reproduisissent pas souvent; d'ailleurs il y avait une haine nationale entre les habitans des deux pays qui ne justifiait que trop la guerre en la rendant toujours imminente.

A la mort d'Amé V, dit *le Grand*, comte de Savoie, Henri, évêque de Metz et régent de Dauphiné, qui connaissait le caractère ardent et impétueux de son successeur Edouard, crut devoir assurer la paix des deux États en faisant ratifier par le nouveau comte le traité conclu, en 1314, entre son père et le dauphin Jean II. Le prieur du monastère de Vaux, en Vélin, fut député par le régent pour négocier cette affaire à la cour de Chambéry; mais, sous le prétexte que les pouvoirs de ce religieux n'étaient pas suffisans, Édouard, qui méditait sans doute de nouvelles hostilités, éluda l'arrangement, et fixa une époque éloignée, en désignant un lieu neutre où les députés de Savoie et ceux de Dauphiné pourraient traiter plus convenablement.

Le régent, qui n'avait réussi qu'à éloigner le moment de la guerre, vit bien qu'il fallait s'y préparer; il tint de fréquens conseils avec les principaux seigneurs du pays, et tel était l'état des choses quand il remit le pouvoir entre les mains du jeune Guigues, son pupille, que son mariage avec Isabelle de France mettait en état de gouverner par lui-même. Edouard, qui ne cherchait qu'un prétexte, en trouva bientôt un dans sa haine contre Hugues de Genève, qui, dans toutes les guerres précédentes, avait pris le parti du Dauphin. Hugues était le vassal de Guigues, à cause de la seigneurie d'Anthon qu'il possédait du chef d'Isabelle, son épouse; le Dauphin se trouvait ainsi dans la nécessité de le défendre, d'autant plus qu'Édouard ne pouvait guère se venger d'Hugues de Genève sans ravager les terres que le Dauphin avait dans la Bresse et sans jeter des troupes dans cette partie du Dauphiné qui touche à la Savoie.

La guerre eut lieu pendant plusieurs mois sans que la fortune eût paru favoriser complètement l'un des deux partis. Tous deux avaient essuyé des revers et remporté des victoires, lorsque Édouard résolut de frapper au cœur son ennemi, et entra tout-à-coup dans la Bresse. Il vint mettre le siége devant le château de Varey, place forte et importante, qui était le principal manoir de la seigneurie d'Anthon. Mais le Dauphin qui surveillait tous les mouvemens de son ennemi, ne tarda pas à s'apercevoir de cette manœuvre. Il battit les troupes qu'Édouard avait laissées en présence de l'armée dauphinoise, pour assurer sa marche et détourner l'attention. Il parut dans la plaine de Saint-Jean-le-Vieux au moment où le château de Varey, qui la domine, allait ouvrir ses portes à l'ennemi. C'est seulement de cet épisode de la guerre que s'occupe la chronique du moine de Saint-Hugon.

L'hiver a flétri la verdure des champs et des arbres, la plaine de Saint-Jean et les montagnes du Bugey sont couvertes de neige, le Rhône roule avec fracas d'immenses monceaux de glace, et un vent froid et impétueux siffle dans les joncs qui croissent sur ses bords. La lune, pâle et mélancolique, enveloppée de sombres nuages, ne jette qu'à de longs intervalles une clarté vacillante. Cependant à la lueur de plusieurs feux autour desquels sont des soldats endormis, et d'autres qui parlent de leur pays et de leurs amours, on peut reconnaître la position qu'occupent deux armées. Sur la hauteur et dans le lointain, la multitude de ceux qu'on aperçoit ne permet pas de douter que l'avantage du nombre ne soit de ce côté. Sur une tente aussi vaste que riche le vent agite une bannière bleue, sur laquelle est dessinée d'un côté la croix blanche de Savoie, et de l'autre l'image de saint Maurice, patron de ce pays. Les lions de Bourgogne et les lis de Beaujeu paraissent aux deux extrémités de la ligne demi-circulaire que forme ce camp. Robert de Bourgogne, comte de Tonnerre, Jean de Châlons, comte d'Auxerre, et Guichard, sire de Beaujeu, ont amené leurs gens d'armes et leurs vassaux au secours d'Édouard.

Le château de Varey, flanqué de tours larges et crénelées, imposant par sa masse et sa structure hardie, s'élève au milieu des deux camps. Déjà ses fossés sont en partie comblés par des quartiers de rochers et des troncs d'arbres. Ses remparts, dégradés dans plusieurs endroits, attestent les dangers que courent les assiégés ; déjà la faim s'y fait sentir, et le soldat ronge en pleurant son inutile épée. L'armée de Savoie occupe tout le plateau où est assis cet antique manoir ; l'aile gauche est campée autour des remparts, et en bloque toutes les avenues, tandis que l'aile droite et le centre menacent l'armée dont les feux brillent dans la plaine.

Deux cents guerriers forment l'avant-garde de cette armée ; ses sentinelles sont à une demi-portée de trait des sentinelles ennemies. Ce sont les vassaux du sire de Rancurel, il veille lui-même au milieu d'eux, suivant le glorieux privilége que revendique toujours cette noble famille, de combattre dans les guerres de Dauphiné, au poste le plus avancé et le plus périlleux.

Les Dauphinois, gênés par la position avantageuse des troupes de Savoie, se sont rangés sur trois lignes profondes et parallèles, de manière que leur armée, ne formant qu'un seul corps, pût s'étendre ou se resserrer suivant les chances du combat. Le comte Hugues de Genève commande la première ligne; là se trouvent les habiles archers des montagnes, les vassaux de Monteynard et d'Allevard, ceux d'Allemond, de l'Ambrunais et du Gapençais. La seconde ligne, qui forme le centre de l'armée, est occupée par la cavalerie des comtés de Viennois et d'Albon. Une foule de chevaliers et de nobles vavassours ont fait dresser leurs tentes dans cette ligne, où la bannière de Saint-George flotte sur celle du Dauphin. Le comte de Valentinois commande la troisième ligne; et sur les deux ailes de l'armée voltigent sans poste fixe, et prêts à se porter sur le point qui paraîtra le plus faible, Guillaume de Tournon et Albert de Sassenage, accompagnés de leurs nombreux vassaux.

Telle était la position de ces deux

camps pendant la nuit qui précéda la bataille. Un bruit vague et qui ressemblait aux murmures des vents et des flots agités, s'élevait de temps en temps et remplissait l'étendue de la plaine. Les barons venaient de tenir conseil sous la tente du Dauphin; le jeune prince avait fait céder sa bouillante indignation à la sage expérience des chefs de son armée, et il fut résolu que si Édouard ne profitait pas le lendemain de l'avantage que lui donnait sa position pour attaquer le Dauphin, on feindrait une retraite pour le déterminer à descendre dans la plaine où le courage seul déciderait du bon droit.

Dans ce moment, un cavalier qui portait sur son écu une étoile en champ d'azur, s'approcha d'un homme d'armes qui veillait devant une tente, surmontée d'une bannière rouge et blanche, et dont l'étendue annonçait qu'elle servait de demeure à un chef.

« — N'êtes-vous pas un serviteur du châtelain d'Allevard ? demanda le cavalier à l'homme d'armes.

» — Et nul baron plus brave n'eut jamais à son service un vassal plus dévoué, répondit celui-ci.

» — Eh bien ! reprit le cavalier, allez dire à votre maître que quelqu'un envers qui il s'est rendu coupable d'une grave offense, vient lui en demander satisfaction avec la lance, l'épée et le poignard.

» — Il n'en faut pas tant pour couper le sifflet à un fanfaron, répondit l'homme d'armes, avec un mélange de surprise et d'humeur ; mais est-ce donc à cette heure et à la veille d'une bataille qu'on fait de semblables propositions ? Par saint Étienne de Hongrie ! comme dit sa seigneurie, réfléchissez-donc à cela, fier cavalier de la lune.

» — Voici bien des mots inutiles,

vassal, s'écria le cavalier d'un ton sévère, toutes les heures sont bonnes pour des gens de cœur; ainsi, obéissez, et répétez à votre maître ce que je viens de vous dire.

» — Là! là! répondit l'homme d'armes, je n'obéis qu'à un seul homme sur la terre, et sur mon ame! ce n'est point vous. Cependant je veux bien m'informer si mon maître daignera croiser son épée avec la vôtre. Eh! de quelle part faudra-t-il lui porter ce message, beau chevalier de la table ronde?

» — De la part d'un homme de cœur, dit le cavalier en frappant sur le pommeau de sa selle, qui commence à se lasser de ton insolence, et qui t'en corrigerait sur-le-champ, s'il n'avait avec ton maître à régler un compte plus important.

» — Par la mort du diable! répondit l'homme d'armes irrité à son tour, c'est avec moi que tu le règleras cependant. » En même temps il tirait son sabre, et, se couvrant de son écu, il semblait défier le cavalier qui ne faisait aucun signe d'hostilité. . . . . .

La tente s'entr'ouvrit alors, et le sire de Crouy, à demi-armé, demanda d'une voix forte à Roland Amblard, ce que signifiaient ces apprêts d'un combat inégal. L'homme d'armes, surpris par cette brusque apparition, se gardait bien de répondre; ce n'était pas la première fois que son zèle trop exagéré lui avait attiré de vives réprimandes de son maître. Ce fut donc le cavalier qui prit la parole : « — Êtes-vous, dit-il, le châtelain d'Allevard, le sire de Crouy ?

» — Oui, répondit le baron, c'est moi-même. Que désirez-vous, et quelles raisons vous font ainsi troubler le repos de ce camp ?

» — Et que je sois damné si cela se termine bien, dit tout bas Roland Amblard, en remettant son arme dans le fourreau.

» — Pourquoi ? reprit le cavalier ; est-ce donc la première fois que votre seigneurie veille à l'heure où tout le monde repose ?

» — Que signifient ces étranges paroles ? dit le sire de Crouy, tandis que Roland Amblard murmurait tout bas : « — Allons c'est le cousin de quelque fée qui a été dânser au clair de lune, sur le col de l'Évêque.

» — Ces paroles, châtelain d'Allevard, continua le chevalier avec fermeté, ces paroles doivent vous apprendre que je viens vous demander raison d'un outrage sanglant ; que des yeux aussi brillans que les vôtres ont percé l'obscurité dont vous vous environniez, que l'heure du mystère est passée, que celle de la vengeance va sonner enfin, châtelain d'Allevard.

» — Êtes-vous de la maison de Monteynard ? demanda le sire de Crouy étonné, à ce cavalier.

» — Il est plutôt de la maison de Satan, dit encore à voix basse Roland Amblard.

» — Non, répondit le cavalier; le brave jeune homme dont vous avez fait couler le sang sur les bruyères du Pinsot, et dont le souvenir vous fait en ce moment m'adresser cette question, ne songe point à se mesurer de nouveau avec vous, de même qu'il n'a point trahi le serment qu'il vous fit. Mais abrégeons, continua-t-il avec emportement, les feux du camp commencent à pâlir devant les premiers rayons du jour, il est temps de vous rendre à mes désirs; sachez que je suis d'une noble famille et qu'il est de l'intérêt de ma vengeance de vous cacher mon nom.

» — Alors, dit le châtelain, comment puis-je vous avoir offensé?

» — C'est bien la vérité, par saint Hugon! comment mon noble maître peut-il vous avoir offensé? » Roland Amblard n'acheva point la phrase qu'il commençait; car un regard sévère du châtelain lui imposa silence.

« — Voilà qui est bien surprenant, répondit le cavalier avec une colère qui se manifestait par les mouvemens convulsifs qu'il faisait sur sa selle. Je veux vous combattre à pied, à cheval, à toutes armes. C'est un combat à outrance que je vous demande, et votre mort pourra seule me satisfaire, si je ne tombe sous votre lance. De plus longues explications, châtelain d'Allevard, me feraient douter de votre courage. Je vous attends sous les murs du prieuré de Saint-Césaire qui est à droite du camp, à trois cents pas du Rhône. » A ces mots, il tourna bride et s'éloigna rapidement dans la direction du lieu qu'il venait de désigner.

« — Qu'on prépare mes armes! » dit le chatelain, à qui cette singulière provocation rappelait de pénibles souvenirs. Il se promenait à grands pas devant sa tente, tandis que Roland Amblard sellait en murmurant le cheval de son maître et le sien.

« — Cela n'annonce rien de bon, disait-il, j'ai cru un moment que c'était le jeune brave dont le sabre m'a retenu long-temps dans l'inaction, tandis que mes camarades se battaient vaillamment avec les gens de Savoie, et dépouillaient les prisonniers de leurs meilleures armes et de leur bourse, comme c'est le devoir d'un homme d'armes qui sait manier une lance! Par saint Hugon! mon bon maître, vos armes sont en bon état, et si le chevalier de la lune n'est pas un échappé du sabbat, je crains bien que sa peau ne le mette pas à l'abri de la pointe de votre épée. » Et il sifflait en tirant cette arme du fourreau, pour s'assurer si en effet elle se trouvait dans l'état qu'il désirait. Quand cet examen fut terminé à sa grande satisfaction, Amblard s'approcha de son maître, il lui laça son casque, lui présenta ses gantelets et une forte lance, et après lui avoir tenu l'étrier, il sauta légèrement sur son cheval.

« — Vous me suivez donc, Amblard? dit le châtelain.

» — Si ce n'était pas le bon plaisir de votre seigneurie, répondit-il, j'en serais au désespoir, car j'y suis bien résolu.

» — Craindriez-vous quelque trahison, digne serviteur? reprit le châtelain en souriant, ou ne serait-ce pas plutôt pour contenter votre curiosité?

» — Que votre seigneurie me pardonne! Roland Amblard serait bien mal récompensé de ses services, si le châtelain d'Allevard attribuait son zèle à un autre sentiment que celui de son devoir. Par saint Hugon! je suis bien malheureux depuis cette maudite promenade au clair de la lune, mon maître me reproche sans cesse ma curiosité, et cependant Dieu sait si le coup de sabre que j'ai reçu n'était pas destiné à sa seigneurie !

» — Et vous n'eûtes dans cette circonstance, Amblard, que ce que vous aviez mérité. Suivez-moi cependant, j'y consens, car il se peut que moi ou mon adversaire nous ayons besoin de votre secours.

» — Que jamais lance ne brille dans mes mains, si elles étaient destinées à rendre à votre seigneurie un si triste devoir. J'aimerais mieux me faire tuer par le premier venu, peut-être par l'aigle de Monteynard à qui je dois cette maudite boutonnière, qui m'empêche encore de serrer les courroies de ma cuirasse. » En achevant ces mots que le châtelain paraissait écouter avec intérêt, Roland Amblard fit avancer son cheval à côté de celui de son maître, comme un homme pénétré de son importance et fier de l'amitié de son supérieur.

» — Et par saint Hugon! si j'osais dire à votre seigneurie tout ce que je pense, reprit l'écuyer, je pourrais affirmer que ce jeune page et cette belle de nuit du col de l'Évêque sont pour quelque chose dans cette nouvelle affaire.

» — Ne parlez point si légèrement de ceux que vous ne connaissez pas, Amblard, répondit le châtelain. Je suis satisfait des marques de dévouement que vous me donnez, mais je ne souffrirai point que vous portiez encore sur ma conduite des regards indiscrets. Écoutez, mon cher Amblard, je crois que vous m'êtes attaché, et que vous exécuterez fidèlement les ordres que je vais vous donner.

» — Aussi vrai, mon seigneur, repartit l'écuyer, que saint Hugon et saint Étienne de Hongrie prient en ce moment pour vous dans le ciel.

» — Je puis succomber, continua le châtelain ; ne m'interrompez pas, et gardez vos exclamations pour une autre occasion ; dans ce cas, Amblard, vous partirez sur-le-champ pour Allevard, vous direz à ma noble épouse que je suis mort bravement en défendant mon honneur outragé ; vous lui direz que ma dernière pensée fut pour elle, et que je la prie d'élever notre fils dans des sentimens loyaux et généreux, qui lui défendent en tout temps d'exercer aucune vengeance pour la mort de son père. Vous aurez soin que mon corps soit transporté à Allevard, et qu'il repose dans la tombe de mes ancêtres. Vous irez encore trouver Guigues, notre gracieux seigneur et souverain ; vous lui direz que je suis mort en regrettant que mon sang ait coulé pour une autre cause que la sienne, et que je lui recommande le faible rejeton de la maison de Saint-Étienne. Quant à vous, Roland Amblard, mon homme d'armes et mon fidèle écuyer, je vous donne, pour le posséder librement et noblement, le domaine du Mas, qui fait partie de notre fief de Bellecombe, et j'espère que pour l'amour de moi vous resterez attaché à la maison de mon fils, et que vous le servirez comme vous avez servi son père. Au reste mes dernières volontés sont consignées dans un écrit qui est déposé entre les mains du révérend père Soffréon, religieux de l'abbaye de Saint-Hugon; je les lui confiai dans un temps où je croyais mourir de douleur.» Le châtelain prononça ces dernières paroles avec émotion, car il avait aperçu de grosses larmes qui coulaient sur le visage brûlé par le soleil de son brave serviteur.

« — Que Dieu nous protége! s'écria celui-ci, non, cela ne sera point, et quelque chose me dit que Roland Amblard n'accomplira pas ce triste message. Et cependant ma bonne mère serait heureuse de commander enfin dans le domaine de son fils, car, mon gracieux seigneur, les terres du Mas feraient bien des jaloux en passant dans ma famille. Mais par saint Hugon! j'aime mieux porter toute ma vie le haubert et la lance, que de devenir par ce moyen un noble fainéant. Quoique cela me saignât toujours le cœur de voir tomber mon bon maître avant moi, de voir expirer ce bel aiglon que j'ai dressé, plutôt qu'il succombât dans ce maudit duel, par saint George de Dauphiné! j'aimerais mieux qu'il allât au ciel avec tous les braves gens que leurs patrons ne sauveront pas de la lance de Savoie, et qui mourront aujourd'hui en défendant loyalement la cause de leur prince et de leur pays.

» — Mon bon Roland, reprit le châtelain avec douceur, je vous avais prié de ne pas m'interrompre; ce qu'il me reste à exiger de vous tient à ces faiblesses du cœur que Dieu seul a le droit de juger. Vous irez donc, Amblard, à la tour du Ber, vous y demanderez une jeune fille qu'on appelle Ermia, et vous lui direz que le chasseur de la montagne est mort en lui recommandant, comme autrefois, d'unir sa destinée à celle du page de Monteynard. Que mon nom surtout ne sorte point de votre bouche; nous étions séparés sur la terre par d'indissolubles liens, elle doit ignorer à jamais le rang que j'y occupais. »

L'écuyer écoutait son maître en silence; mais quand le nom de la tour du Ber eut frappé son oreille, il se rappela la rencontre qu'il avait faite, dans la montagne, du jeune homme qui l'avait blessé et du chevalier du Lac qui l'accompagnait, et il allait faire part à son maître de la réflexion que lui suggérait ce trait de lumière, quand le châtelain continua ainsi :

« — Et maintenant, Amblard, nous suivons, depuis un quart-d'heure, une route couverte de halliers et qui ne me paraît pas conduire vers un lieu habité. Connaissez-vous bien l'abbaye de Saint-Césaire ?

» — Oui, votre seigneurie, répondit l'homme d'armes en faisant à son maître un signe d'intelligence ; il y a deux jours que je l'ai visitée avec quelques-uns de mes camarades. Ces bons religieux avaient une centaine de mesures d'avoine qui pourrissait dans leur cellier, et nous les en avons débarrassés.

» — Par saint Etienne de Hongrie ! Amblard, s'écria le châtelain, auriez-vous exercé quelque violence envers les moines de Saint-Césaire ?

» — Non pas, s'il plaît à votre seigneurie, répondit l'écuyer, je suis trop bon chrétien pour cela. Cependant je ne puis pas dire que le père Cellerier ait vu, sans soupirer, l'avoine du couvent passer dans nos sacs; mais, pour en avoir la conscience nette, j'ai fait vœu de donner, après la campagne, un beau cierge à saint Hugon, qui arrangera cette affaire là-haut avec monseigneur saint Césaire. »

Le châtelain ne put réprimer un léger sourire excité par l'étrange dévotion de son homme d'armes.

« — Tenez, votre seigneurie, ajouta celui-ci, voyez-vous là-bas ces masses noirâtres qui ressemblent à de vieux sapins de nos montagnes; ce sont les tours de l'abbaye, et nous voici près du mur extérieur qui sert de limite et d'enclos aux terres de l'église. Voyez donc, mon seigneur, cette étoile bleue qui semble être tombée du ciel et qui brille comme un fanal sur le clocher de l'abbaye. »

Le châtelain fit peu attention à cette remarque; il engagea son écuyer à doubler le pas pour ne pas se faire attendre: alors tous deux firent sentir l'éperon à leurs chevaux, et arrivèrent en peu de temps dans l'endroit désigné, où parut presque aussitôt le cavalier qui venait de provoquer en combat singulier le châtelain d'Allevard. Comme il n'était point accompagné, le sire de Crouy ordonna à Amblard de s'arrêter, et il s'avança seul vers son adversaire.

Ce lieu n'était pas propice à un combat à cheval: c'était bien une longue avenue bordée de buis élevés et touffus, et qui servait, pendant l'été, de promenade aux religieux; mais la neige, à demi-fondue, rendait le sol glissant et dangereux pour des cavaliers.

« — Nous ne pourrons courir la lance dans cet endroit, châtelain d'Allevard, dit l'étranger; mais j'espère que votre seigneurie voudra bien mettre pied à terre et me faire raison de cette manière, car cela importe peu à des gens de cœur.

» — Qu'à cela ne tienne, répondit le châtelain; les lois de l'honneur ne me permettent ni de demander le nom d'un ennemi, ni de ne pas répondre à l'appel d'un chevalier comme vous paraissez l'être; mais je prends le ciel à témoin que vous êtes l'agresseur, et que je ne suis coupable envers vous d'aucune offense; ainsi Dieu me soit en aide! le sang qui va se verser retombera sur vous.

» — Dieu, répondit l'étranger, qui lit dans nos cœurs, et qui connaît les secrètes actions des hommes, ne m'accablera pas de l'anathême dont me menace votre seigneurie. Si je ne vous dis point mon nom, c'est pour ne pas vous accabler de remords au moment où je vais vous combattre, et sur ce je recommande au ciel la bonne cause. »

Les deux guerriers descendirent de cheval; le châtelain appela Roland Amblard, et lui ordonna de garder sa monture et celle de son adversaire. « — Quelle que soit l'issue de ce combat, lui dit-il, je vous défends de quitter cette place et de rien faire qui puisse nuire à la cause de ce cavalier. » Alors il baissa la visière de son casque, et il mit l'épée hors du fourreau en même temps que son ennemi.

Il fallait la valeur éprouvée du sire de Crouy pour résister aux attaques impétueuses de son agile adversaire, qui prit l'offensive avec une intrépidité qui semblait tenir du désespoir. Déjà les pesantes lames de leurs épées s'étaient rencontrées plusieurs fois et avaient fait jaillir des milliers d'étincelles; le sire de Crouy aurait pu profiter, à diverses reprises, des fautes que la fureur faisait commettre à son adversaire, mais il paraissait vouloir seulement parer les coups qu'il lui portait avec une étonnante rapidité. Roland Amblard, témoin muet de ce combat, murmurait entre ses dents de ce qu'il appelait la clémence de son baron; souvent il était sur le point de lui crier de ne point tant ménager un homme qui en voulait à sa vie; mais Amblard connaissait trop son maître et les règles du duel pour se permettre une infraction aussi grave aux principes de l'honneur. Cependant l'étranger se battait toujours avec la même ardeur; le sire de Crouy, pour mettre fin à une lutte qui devenait pénible, crut que le seul moyen était de désarmer son adversaire; il lui porta en conséquence un violent coup d'épée sur le bras droit; l'étranger le para avec son écu qui tomba en mille pièces; il chancela aussitôt, car l'épée du châtelain lui avait fait une large blessure.

Le châtelain s'arrêta pour laisser à

son ennemi le temps de se remettre de la vive douleur qu'il paraissait éprouver, et, se débarrassant de son écu, il le jeta sur la terre. Le blessé se retourna, en levant pour respirer la visière de son casque.

« — Êtes-vous satisfait, lui dit le châtelain, et me ferez-vous connaître maintenant les motifs d'une vengeance que vous poursuivez avec tant d'ardeur?

L'étranger baissa de nouveau la visière de son casque. « — Vous êtes un noble et loyal seigneur, dit-il; et si je n'accomplissais dans ce moment un devoir sacré, je me jetterais dans vos bras, pour vous remercier de la courtoisie avec laquelle vous me traitez. Mais il n'en peut être ainsi; défendez-vous, châtelain d'Allevard! »

Le combat recommença à l'instant avec une égale fureur, mais le châtelain vit bientôt qu'il ne devait plus se borner à la défensive. Son ennemi déployait une adresse surprenante, et Roland Amblard, qui ne perdait pas de vue un seul coup d'épée, reconnaissait, dans la manière dont l'étranger portait les siens, les leçons qu'il avait données à beaucoup de gentilshommes de la châtellenie d'Allevard. « Est-ce moi, disait-il à demi-voix, est-ce donc moi qui ai aiguisé les dents de cet enragé louveteau? Je n'ai pas fait là un mauvais élève. »

Le jour commençait à dissiper les brouillards du matin; le son belliqueux de la trompette retentissait dans la plaine, et la cloche de l'abbaye appelait les religieux à l'office. Le combat continuait avec le même acharnement et des chances égales; le sire de Crouy, forcé enfin de défendre sa vie, se servait de tous les avantages que sa force peu commune et sa taille élevée lui donnaient sur son adversaire qui, de son côté, évitait et portait des coups avec une agilité sans égale. Enfin Amblard crut que c'en était fait de son maître; l'étranger fit tomber son épée sur son casque avec une violence telle, que le châtelain inclina la tête sur sa poitrine; mais, pendant que son adversaire relevait le bras pour lui porter un coup semblable, qui lui aurait assuré la victoire; par un mouvement plus prompt que la pensée, le sire de Crouy enfonça son épée au défaut de la cuirasse de son fougueux ennemi, qui tomba baigné dans son sang en poussant un cri douloureux.

Un cavalier dont le casque était surmonté d'une branche de chêne entrait dans l'avenue où le combat avait eu lieu, et la traversait, à bride abattue, de toutes les forces du vigoureux cheval qu'il montait. « Arrêtez! arrêtez! s'écria-t-il. Dieu! il n'est plus temps, voilà ce que je craignais et ce que je n'ai pu empêcher! »

Amblard était accouru et enlevait le casque du blessé, tandis que son maître le soutenait. On vit alors la pâle figure d'un jeune homme, un reste de vie brillait encore dans son regard mélancolique, et un sourire parut sur ses lèvres légèrement contractées quand il aperçut le cavalier qui avait sauté à terre, et qui le serrait dans ses bras en l'appelant son cher Quentin.

« — Je m'en doutais, dit Roland Amblard, voilà le faucon des Adrets et son ami le chevalier du Lac. » Le sire de Crouy frémit en entendant prononcer ce dernier nom.

« — C'est donc toi, mon ami, dit Quentin d'une voix affaiblie; tu étais le compagnon de mon enfance, tu viens pour me voir mourir, je suis tombé, Ennemond, sous l'épée du sire de Crouy.

» — Grand Dieu! s'écria le châtelain, ne m'avez-vous pas forcé à défendre ma vie?...

» — Oui, répondit Quentin ; mais Dieu voit tout dans le ciel : et sur la terre, il n'y a que moi et ce fidèle ami qui sachions combien ma cause était juste. Tu pleures, Ennemond, je sens que ton haleine me réchauffe et que mon cœur recommence à battre auprès d'un cœur comme le tien.

» — Tu le plonges dans un deuil éternel, Quentin, dit Ennemond ; pourquoi n'ai-je pu enchaîner ton courage.... mais tu ne mourras pas, n'est-ce pas, Quentin? ensemble nous vivrons dans la montagne comme deux oiseaux solitaires. Du secours! du secours! »

Le sire de Crouy avait disparu un moment, il revint bientôt accompagné de quatre religieux qui aidèrent ces guerriers à transporter le blessé dans une cellule de l'abbaye. On le dépouilla de son armure, et un des frères, qui s'était adonné à l'étude des plantes et de la médecine, sonda l'affreuse plaie par où s'écoulait son sang. Il l'arrosa d'une eau formée du suc de quelques simples, puis saisissant le crucifix qu'il portait à son rosaire, il l'appliqua plusieurs fois sur les lèvres de Quentin.

« — Mon frère, dit-il, il n'est point au pouvoir des hommes de reculer d'un jour seulement le terme de votre vie mortelle ; adressez vos dernières prières à celui qui a tout fait, à celui qui a voulu mourir sur une croix pour nous apprendre à mourir, et qui a souffert pour nous apprendre à souffrir.

» — Mon bon père, répondit Quentin, combien de temps me reste-t-il à vivre?

» — Je ne puis savoir ce qui dépend de la volonté de Dieu, mon frère, repartit le religieux ; mais suivant les signes que présentre votre blessure à mon œil habitué à lire dans les misères de l'homme, avant que le soleil se montre sur l'horizon vous serez avec les anges.

» — Que Dieu soit béni, dit Quentin! mon père, si vous croyez que Dieu ouvre ses bras au pécheur repentant, écoutez ma confession. »

Alors le prêtre, élevant l'image du Christ, prononça de saintes paroles auxquelles Quentin répondit avec résignation et avec cette piété de chrétien qui donne au mourant une force sublime et une expression si solennelle à ses derniers instans. Ennemond, agenouillé de l'autre côté du lit funèbre, cachait ses pleurs dans ses mains, en priant pour son ami. Roland Amblard contemplait silencieusement et avec respect cette scène touchante, tandis que le sire de Crouy, profondément affligé, mesurait à grands pas la cellule où son ennemi mourant se réconciliait avec Dieu.

Lorsque Quentin eut versé dans le sein du religieux toutes les actions qu'il se reprochait comme des fautes, celui-ci s'écria ! « — Veillez un instant sur cet ange, je vais bénir pour lui le pain de la vie éternelle, et vous, mon frère, pardonnez à vos ennemis et à ceux qui vous ont offensé. » Il s'éloigna à ces mots, regrettant que la terre fût si tôt privée de la belle ame qui venait de se révéler à lui.

Quentin paraissait ranimé; on eût dit que les couleurs de la vie quittaient à regret son front calme et serein. « — Ennemond, dit-il d'une voix à peine émue, Ennemond, lève-toi, et juge si j'étais digne de ton amitié. Sire de Crouy, continua-t-il, vous voyez devant vous le reste infortuné d'une famille ancienne et respectable; mais au moment de paraître devant Dieu, j'éprouve le besoin de chasser la haine de ce cœur qui va cesser de battre, c'est à moi d'implorer votre pardon pour la fougueuse insolence avec laquelle je vous ai demandé le combat.

Oh! tendez-moi une main amie, promettez-moi de protéger ma famille, et surtout oubliez celle dont je voulais punir en vous la coupable faiblesse.

» — Hélas! répondit le châtelain, en s'approchant avec douleur du lit du mourant, jeune homme, vous m'auriez épargné un souvenir bien cruel, si vous m'aviez fait connaître plus tôt avec votre nom le motif qui vous excitait à tirer l'épée contre moi. Quentin du Ber, vous êtes abusé par une erreur bien funeste.

» — Dieu du ciel! s'écria Quentin, en se soulevant sur son chevet, la fille de mon père est-elle donc encore pure? Quel est donc ce mystère du col de l'Evêque? Ses sombres sapins n'ont-ils pas été témoins du déshonneur de ma famille? »

Ennemond fixait sur le châtelain des regards pleins d'espérance et de crainte, et Roland Amblard, dont le cœur était simple et vertueux, n'osait dans cette circonstance absoudre entièrement son maître, et il attendait avec anxiété le dénouement de cette scène déchirante.

« — Par les royales infortunes de mes pères, dit le sire de Crouy, Ermia est pure comme les vierges saintes qui chantent dans le ciel les louanges de l'Éternel. Écoutez, Quentin du Ber et vous qui êtes ici présens, je dois à une si grande infortune un aveu que toutes les puissances de la terre n'auraient pu m'arracher. Je dois faire connaître auprès de ce lit de mort la cause du noir chagrin qui a flétri mon ame et affligé mes serviteurs; c'est ici que l'orgueil s'humilie et que les passions font place au devoir.

» Un jour que le plaisir de la chasse m'avait entraîné beaucoup plus loin que de coutume, un inconcevable hasard m'avait séparé de ma suite. Le soir me surprit dans les solitudes du

Pinsot, je ne pouvais reconnaître les lieux où je me trouvais et j'étais déterminé à y attendre le jour. Mais en songeant aux alarmes que mon absence causerait à Allevard, je résolus de faire encore quelques efforts pour retrouver mon chemin. J'arrivai bientôt auprès d'un torrent qui coule sur le plateau incliné du col de l'Evêque, je voulus le franchir; mais soit que l'obscurité m'empêchât de diriger mon élan, soit qu'une fatalité cruelle pesât alors sur moi, je me heurtai fortement contre un rocher sur le rivage opposé, et mon pied tomba à faux entre deux énormes pierres couvertes d'une mousse glissante. Mon sang jaillit aussitôt de la blessure que je venais de recevoir à la tête; mais sans doute la fraîcheur de l'eau amortit un instant la douleur; car je pus gravir péniblement la colline. Arrivé sur la hauteur, je me sentis défaillir, je me traînai près d'une pierre blanche ombragée par des sapins et qui me parut un abri commode et salutaire; là mes forces m'abandonnèrent entièrement et je m'évanouis.

» Lorsque je repris mes sens, je crus qu'une vision céleste était descendue sur moi. Belle, mais silencieuse et mélancolique comme le rayon de la lune qui éclairait la solitude, une jeune fille était penchée sur moi. Elle versait sur mes blessures le suc bienfaisant des plantes de la montagne. Je l'examinai quelque temps en silence, le vent léger jouait dans les anneaux de sa longue chevelure, son regard était calme et pur comme celui de la mère des anges; la délicatesse de ses traits, la forme séduisante et aérienne de sa taille me firent penser que, suivant la croyance des montagnards, c'était un de ces esprits qui habitent les bruyères désertes et qui tiennent à la fois du ciel et de la terre. La jeune fille s'aperçut bientôt que je revenais à la vie; alors elle s'agenouilla sur la pierre et remercia Dieu de l'heureux résultat de ses secours.

» — Qui êtes-vous, lui dis-je, vous qui, sans me connaître, me prodiguez des soins aussi touchans?

» — Je suis, répondit-elle, une jeune fille chrétienne qui fait ses efforts pour pratiquer les pieuses vertus de ses ancêtres. Ce matin, j'ai été dans la montagne pour secourir un pauvre serviteur du baron d'Allevard; mais il n'était plus temps, la mort était dans sa chaumière, je n'ai pu que prier avec sa veuve et ses pauvres enfans. Ce soir, j'ai été plus heureuse.

» — Et, repris-je, aimable jeune fille, quel est le nom de vos ancêtres?

» — Ils habitaient sur le lac du Ber, me dit-elle; mon père cultive encore leurs domaines et demeure dans la vieille tour qu'ils ont bâtie, et l'on m'appelle Ermia. Depuis long-temps j'ai des songes prophétiques; je vois, dans mon sommeil, un chasseur de chamois que mes soins rendent à la vie, et je me suis dit en vous trouvant : Dieu me réservait sans doute pour soulager un de ses serviteurs; car voici le chasseur qui m'est apparu. Mais dites-moi qui vous êtes, afin que j'aille chercher vos serviteurs, si vous ne pouvez rejoindre seul votre demeure. »

« J'ai long-temps réfléchi, continua le châtelain en poussant un profond soupir, au sentiment involontaire et secret qui m'empêcha de me découvrir à votre sœur, Quentin du Ber. Sa voix produisait sur mon cœur l'effet d'un enchantement; une espérance, mêlée de tristesse, me faisait tressaillir; j'admirais l'innocence et la vertu de cette jeune fille, qui, pendant la nuit, causait sans crainte, sur une grève solitaire, avec un étranger. « — Je suis un chasseur de chamois, lui répondis-je; je sens renaître mes forces, et je vous remercie du secours que vous m'offrez.

» — Tenez, ajouta-t-elle en me remettant un flacon de buis, ceci renferme un baume excellent pour vos blessures..... La lune se cache dans les nuages, la brise du matin se joue en sifflant sur les eaux du Ber, que la sainte Vierge vous protége!... adieu. » A ces mots, elle disparut et s'élança comme une jeune biche au travers des glayeuls et des bruyères. Je la suivis un moment des yeux et je soupirai, quand les longs plis de ses vêtemens blancs se perdirent dans les feuillages comme une vapeur du torrent que dissipent les premiers rayons du soleil.

» Depuis cette nuit fatale à mon repos, ô jeunes hommes qui m'écoutez! une douleur profonde et secrète remplit d'amertume tous les instans de ma vie : époux heureux! bientôt je devais être père, et les charmes de la foi conjugale me paraissaient un fardeau pesant; je n'osais point m'avouer à moi-même que je connaissais la cause de mes maux. Triste et solitaire dans les salles de mon manoir, j'étais devenu comme l'ombre de moi-même; mes lèvres n'avaient plus de sourires, mes yeux ne connaissaient plus le sommeil; une passion dévorante, qui s'augmentait de ma résistance, s'était emparée de moi. Un soir, je voulus visiter le col où Ermia m'était apparue, je venais rêver sur ce rocher où un pouvoir mystérieux enchaînait ma pensée. Quel fut mon étonnement! la vierge m'y avait devancé; elle était agenouillée et priait avec ferveur; elle poussa un cri de surprise et d'effroi en me reconnaissant. Je vis que les traits de son visage étaient altérés, et que ses yeux étaient pleins de larmes.

« — Hélas! elle aimait, dit Quentin à Ennemond d'une voix faible, elle aimait, ô mon frère! Je reconnais dans cette passion funeste la destinée mystérieuse de ma famille.

» — Pauvre jeune fille! s'écria Roland Amblard en croisant ses mains sur sa poitrine.

» — Oui, dit Ennemond en levant les yeux au ciel, c'est un cruel supplice que d'aimer sans espoir! »

Le châtelain d'Allevard continua ainsi : « — La vue de cette infortunée, qui paraissait céder au même charme que moi, me révéla tout-à-coup les funestes suites que pourrait avoir une passion que rien ne devait légitimer : je résolus de la combattre, et Dieu me donna ce courage. » — Jeune fille, lui dis-je, qui vous ramène en ce lieu? » Elle leva sur moi des regards pleins de tristesse, et elle me répondit : « — Dieu le sait; l'espérance est une fleur de la solitude.

» — Oui, répondis-je, elle est belle, mais trompeuse comme la fleur de l'églantier; que le moindre vent arrache de sa tige. »

» Elle soupira profondément. « — Jeune fille, repris-je, aimez-vous? » Elle trembla comme une branche de saule sur laquelle un ramier se repose en passant dans la vallée.

« — Je le croyais, dit-elle; mon beau cousin Ennemond Paturel me dit souvent de douces paroles. C'est le compagnon de mon frère. Ils grandissaient ensemble comme deux peupliers des bords du lac. Mais pourquoi parler encore d'Ennemond, ce n'est pas lui qui a troublé mon sommeil. Écoutez, chasseur de chamois, ajouta-t-elle, connaissez-vous l'ancienne ballade de la dame du Ber?

» Je fis un signe affirmatif, et elle dit: « — Voici qu'une jeune vierge naîtra, et malheur aux habitans de la Tour, si elle aime celui dont elle sera aimée! la ballade finit ainsi, et depuis quelque temps une vision me répète ces vers, je n'ose plus les chanter en m'accompagnant de ma harpe, et je viens prier dans ce lieu où il s'est fait un grand miracle, pour que Dieu protége ma famille.

» — Ermia, répondis-je, ce sont des présages trompeurs qui vous éloignent d'Ennemond, il faut que vous deveniez son épouse, si c'est la volonté de votre père.

» — Mon père! mon père! » dit-elle; et, comme si je venais de lui rappeler un devoir sacré qu'elle avait oublié, je la vis s'éloigner et disparaître.

» Je ne voulais plus revoir Ermia, et cependant malgré moi j'aimais à visiter, le soir, ce col silencieux quand la lune brillait dans le ciel. Souvent je trouvais sur la pierre des fleurs qu'on semblait y avoir déposées à dessein. Elles étaient humides, je croyais que c'était de la rosée du ciel. La jeune fille paraissait quelquefois, elle faisait une longue prière, cueillait quelques plantes qu'elle laissait à la place où je m'étais assis; d'autres fois elle chantait une romance plaintive qui convenait à sa situation et à la mienne. C'était une fille de la montagne éprise d'un chasseur qui la fuyait. Je ne lui parlais pas; mais caché dans le feuillage et près d'elle, je ne perdais aucun de ses mouvemens; le cœur déchiré, en proie à toutes les angoisses d'un amour sans espoir, je la voyais s'éloigner triste et rêveuse. Plusieurs mois s'écoulèrent ainsi, je n'eus pas toujours le courage de la fuir; je la revis, je lui parlai encore; mais c'était pour la supplier de ne plus revenir. Elle pleurait en s'éloignant.....

» Je n'ai pas besoin de vous faire le tableau de mes douleurs, j'ai cru quelque temps que la mort allait mettre un terme à ces mystérieuses amours, j'écrivis mes dernières volontés, et sans être plus heureux je me sentis plus calme. Enfin, je songeai à porter le dernier coup à Ermia, je voulais lui révéler ma naissance, mon nom et le lien qui nous séparait. Je voulais la reconduire au digne vavassour du lac, lui faire lire dans mon cœur et dans celui de sa fille. Je l'avoue, cette résolution m'était autant inspirée par le désespoir que par la raison. Je voyais autour de moi ma famille affligée, mes hommes d'armes, mes plus fidèles serviteurs, sombres et frémissant à mon aspect. Égaré par une passion insurmontable, j'avais été quelque temps un époux sans bonté, un père insensible, un maître injuste. Dieu! tandis qu'on m'accusait, je souffrais des tourmens inouis que le langage des hommes ne saurait peindre. Quand je fus convaincu que le temps ne ferait peut-être qu'augmenter la passion que je voulais éteindre, j'eus tout le courage nécessaire pour mettre mon projet à exécution. Le soir que j'avais choisi, Roland Amblard, entraîné par son dévouement à son maître, osa me reprocher noblement la conduite que je menais depuis quelque temps. Je n'hésitai plus ; mais à peine fus-je sur le col solitaire, où jusque-là rien n'avait trahi le mystère de mes pensées, où nul être humain qu'Ermia ne m'avait jamais devancé, j'entendis un cliquetis d'armes.... » Ici le châtelain d'Allevard saisit la main du mourant. « Vous savez maintenant, Quentin du Ber, continua-t-il, si j'ai mérité votre haine. Vous connaissez maintenant des peines que je n'eusse révélées à personne, sans l'événement douloureux que je dois déplorer toute ma vie. Le lendemain de cette nuit fatale, un héraut du Dauphin m'appela à Grenoble, et depuis trois mois que dure la guerre, des soins multipliés, la vie bruyante des camps, avaient apaisé mes souvenirs. O brave jeune homme ! que ne puis-je te rendre à la vie ?

» — Seigneur, répondit Quentin avec calme, je vous dois plus encore, vous adoucissez l'amertume de mes derniers instans. Ennemond, je te laisse un ami, le châtelain d'Allevard a un cœur qui comprendra le tien. Quand tu retourneras dans la montagne, cache à mon père les causes funestes qui ont amené ma mort, console ce vieillard, pleure avec Ermia, vierge infortunée qu'une destinée douloureuse condamna si jeune à souffrir... mes amis, mes amis, appelez le religieux. » Il se tut, ses yeux se fermèrent à demi et ses membres commencèrent à se roidir. La douleur comprimait toutes les pensées d'Ennemond, et le châtelain penché sur le lit funèbre pleurait ce jeune homme expirant.

Tout-à-coup la porte de la cellule s'ouvrit, et le religieux parut suivi de deux novices qui portaient des flambeaux de cire allumés. Il récita à haute voix les prières de l'église, le mouvement des lèvres de Quentin annonçait qu'il y répondait : tous les assistans s'agenouillèrent avec respect quand le moine éleva l'hostie. — « Voici, dit-il, celui qui pardonne; voici l'agneau de Dieu qui s'est chargé des souillures du monde. O mon fils! vous n'aurez fait que passer sur la terre, votre cœur est pur comme l'azur du firmament : prenez le pain des anges, et priez pour nous quand vous serez assis à la droite du juste. — *Amen!* » répondirent les assistans.

Quentin sembla se ranimer un moment, une espérance inquiète brilla dans les yeux de son ami; mais le moine récitait à voix basse les prières des agonisans. — « Ennemond, dit encore le mourant, une étoile ne brille-t-elle pas dans le ciel ? » Ennemond tourna la tête et vit, au travers des vitraux, une étoile semblable à celle de sa vision : ses rayons tombaient perpendiculairement sur l'abbaye, mais elle disparut aussitôt dans des flots de nuages. Quand Ennemond jeta les yeux sur le lit, le religieux était en extase, en tenant un crucifix élevé dans ses mains : Quentin venait d'expirer.

Les sons bruyans du tambour et de la trompette retentissaient dans la plaine ; ils se mêlaient au hennissement des chevaux, au frottement des armes, aux cris vagues des deux armées. Ce fut Roland Amblard qui arracha Ennemond d'auprès du corps froid de son malheureux ami ; il ne pleurait pas, et sa douleur n'en paraissait que plus sombre et plus profonde. Le châtelain d'Allevard regagna le camp après avoir donné des ordres au prieur de l'abbaye pour la sépulture du brave Quentin. Il pressait les flancs de son cheval; et, dans ce moment, l'idée qu'il succomberait peut-être dans la bataille pouvait seule diminuer l'agitation et la tristesse de son cœur. Amblard et Ennemond le suivaient de près.

« — Par saint Hugon! dit l'homme d'armes, vous êtes un brave et digne jeune homme, Ennemond; du diable! si je me bats jamais avec vous. J'ai bien toujours sur le cœur certaine affaire;... mais n'en parlons plus : si je vous dis cela, c'est seulement pour vous prouver que je me souvenais de la promesse que vous m'avez faite sur le col de l'Évêque.

» — Eh bien! mon digne Amblard, répondit Ennemond, je suis prêt à vous tenir parole.

» — Et ce serait une honte si j'acceptais, ajouta Amblard; je vous assure, mon noble aiglon des Adrets, que c'est une affaire finie: d'ailleurs, comme dit mon excellent maître, je n'ai eu que ce que je méritais. Je sais, continua-t-il avec sensibilité, combien il est pénible de voir tomber ainsi un ami. Vous étiez deux dignes gentilshommes, deux loyaux défenseurs de la bonne vieille cause de Dauphiné! Je vous plains, Ennemond, je vous plains de tout mon cœur; mais une chose doit vous consoler, c'est que le chevalier du Lac a vu la mort avec courage; ce n'est rien sur un champ de bataille où l'on n'a que le temps de se recommander au premier saint qui vous vient à l'idée; mais sur un lit, entouré d'amis affligés et de moines qui prient, c'est une chose qui a fait trembler plus d'un homme d'armes, aussi brave que les paladins de la table ronde.

» — Hélas! s'écria Ennemond, ce n'est pas seulement son courage qui me le faisait chérir. Pauvre Quentin! si jeune, si bon, si joyeux autrefois! Qui me consolera de ta perte, mon seul ami? Pourrai-je parcourir les lieux où nous courions ensemble comme deux jeunes chamois. Nous ne nagerons plus dans les eaux du Ber; nous ne franchirons plus les rochers, tu ne répondras plus à ma voix solitaire quand je t'appellerai dans la forêt. »

En ce moment ils entraient dans le camp du Dauphin. — « Oh! oh! dit Amblard, dont les yeux perçans et pleins de courage parcoururent en un instant toute l'étendue. Par saint Hugon! la noce va commencer; jamais lurons portant une croix blanche n'eurent un air si décidé; tant mieux! il y aura des casaques de reste et des épaules de Savoie bien frottées; et comme il est possible que nous ne nous voyions plus, Ennemond, si c'est la volonté du ciel, recevez les adieux d'un homme qui a pour vous une véritable estime. »

Les deux guerriers s'embrassèrent

sans mettre pied à terre : Ennemond rentra dans le quartier des vassaux de Monteynard, et Roland courut auprès de son maître.

Le jeune Dauphin sur un cheval blanc richement caparaçonné parcourt rapidement les rangs de son armée; il exalte le courage de ses guerriers en leur rappelant leurs anciens faits d'armes, les trahisons du comte Édouard, ses projets ambitieux (1). Mille cris répondent aux accens héroïques du prince, les glaives se tirent, la corde des arcs est tendue, les hommes d'armes tiennent leur lance en arrêt. On n'a pas renoncé au projet de

(1) Chorrier met dans la bouche du Dauphin un long discours qui est évidemment apocryphe. Il est probable cependant que ce jeune prince, qui était fort lettré pour son temps, recommanda sa cause à ses barons avec tout le feu que le courage et la jeunesse peuvent donner à l'éloquence.

la veille, et déjà les vassaux de Rancurel, placés à l'avant-garde, semblent se retirer devant les sentinelles de Savoie; toute l'armée dauphinoise fait un mouvement rétrograde en apparence.

Le bouillant Édouard, debout avant le lever de l'aurore, avait reconnu la position qu'occupait son rival; un sourire de colère et de satisfaction parut sur ses lèvres, quand il compara ses forces aux siennes. Fier du secours que lui accordaient les nobles princes de la maison de Bourgogne, il ne doutait pas de la victoire, et jouissait par avance de la confusion d'un prince encore enfant qui avait osé lui résister. Les ordres sont donnés pour que le château de Varey soit livré aux flammes, et qu'il ne reste plus que des ruines de la riche châtellenie d'Anthon. A peine a-t-il aperçu la fausse retraite des Dauphinois, Édouard frémit de rage en songeant que Guigues, conseillé par de sages barons, abandonne son vassal et n'ose courir les chances d'une bataille. Il donne aussitôt le signal de l'attaque, et aux cris de Savoie! Savoie et Bourgogne! son armée tout entière descend rapidement des hauteurs qu'elle occupait.

Guigues sourit en voyant son ennemi donner dans le piége qu'il a su lui tendre. Déjà les premières lignes de l'armée de Savoie ont franchi la barrière du camp des Dauphinois, lorsqu'aux cris de Saint-George-Dauphiné! Empire! Empire! toutes ces troupes qui paraissaient fuir font volte-face et marchent droit à l'ennemi. Hugues de Genève, qui commandait la première ligne, découvre tout le centre des Dauphinois, et s'empare des coteaux que vient d'abandonner l'aile droite de Savoie. Le comte de Valentinois, par une évolution rapide et savante, quitte la position qu'il occupait à la troisième ligne, tourne le centre de l'armée et s'empare des quartiers que le sire de Beaujeu et le comte d'Auxerre avaient établis sous les murs du château de Varey. De cette façon et avant qu'un seul coup de lance eût été donné, l'armée de Savoie et de ses alliés se trouva cernée presque de toute part et resserrée entre le coteau et l'armée dauphinoise. Édouard s'aperçut trop tard de la faute énorme qu'il venait de commettre ; mais ayant encore l'avantage du nombre, il reçut bravement l'attaque impétueuse du centre des Dauphinois que le prince commandait en personne. En un moment la mêlée devint générale.

Auprès du comte de Savoie était un gendarme d'une taille gigantesque et d'une force extraordinaire. Il n'avait pour arme offensive qu'une énorme masse d'armes dont les coups précipités formaient un vide affreux dans les rangs dauphinois (1). Le jeune Guigues s'était imprudemment engagé au milieu des bataillons ennemis; sa retraite se trouvait coupée par des groupes nombreux de combattans; le géant, poussant d'épouvantables cris de joie, menaçait déjà le Dauphin de son arme sanglante, lorsque le sire de Croüy aperçut le dan-

(1) La grande chronique de Savoie, qui rapporte fort en détail la bataille de Varey, ainsi que beaucoup d'autres chroniques dauphinoises; parlent toutes d'un homme d'armes d'une taille gigantesque, qu'elles appellent *le Brabançon*. Ce nom n'était peut-être que celui de son pays. Cet homme qui combattait pour Édouard, fut effectivement tué par des gentilshommes dauphinois. Chorrier fait de ce combat une peinture épique à sa manière, qui ne manque pas d'une certaine originalité. Ainsi, il est évident que la chronique de Saint-Hugon est au moins d'une grande exactitude historique, lorsqu'elle mêle des faits généraux à la tradition populaire qui est son sujet principal.

ger que courait ce prince. « A moi ! dit-il, à moi Allevard et Monteynard, Crouy-Chanel à la rescousse !

» — Saint George et Dauphiné ! » crient les hommes d'armes de ces deux châtellenies, en se précipitant sur les pas du baron. Le sire de Crouy, aussi prompt que la foudre, fond, la lance en arrêt, sur le géant, et lui fait vider les arçons. Il poussa un hurlement horrible qui jeta l'épouvante dans les bataillons de Savoie ; soudain deux hommes d'armes se jetèrent sur lui et lui coupèrent la tête.

Pendant que cette charge brillante portait le désordre dans l'armée d'Édouard, qui, entouré de ses barons, faisait encore des prodiges de valeur, on vit quelques hommes d'armes de la maison de Monteynard, reconnaissables à la petite branche de chêne qu'ils portaient à leur casque, se précipiter au cœur des bataillons ennemis. L'un d'eux combattait en désespéré; son sabre faisait ruisseler le sang autour de lui, et rien ne pouvait résister à son aveugle courage. Tout-à-coup, entouré par des flots de cavaliers, il est désarmé et fait prisonnier, tandis que ses compagnons s'éloignent de toute la vitesse de leurs chevaux.

« — Par saint Hugon! leur cria un homme d'armes d'une autre châtellenie, à moi les branches de chêne! ne laissons pas emmener le faucon des Adrets, la fleur des braves gens! Allons, ma bonne épée, fais encore connaissance avec les armures de Savoie. »

A ces mots, suivi des cavaliers que cette saillie avait ralliés autour de lui, il fondit sur ceux de Savoie, et leur arracha leur prisonnier. Les deux guerriers se reconnurent aussitôt; cet homme d'armes était Roland Amblard, le prisonnier délivré était Ennemond Paturel.

Cependant la bataille durait depuis l'aube du jour, et l'on combattait encore avec acharnement, quand le soleil se voila des nuages du soir. Hugues de Genève descend le coteau, et tandis que ses arbalétriers font pleuvoir une grêle de flèches, il prend en flanc l'armée de Savoie. Au même instant le comte de Valentinois dégageait le château, dont la garnison augmentait ses rangs. Le sire de Beaujeu et le comte d'Auxerre furent contraints de s'appuyer sur le corps principal, où combattait le comte de Savoie, mais, serrés de près par le vaillant comte de Valentinois, ils vinrent y apporter le désordre et la confusion. Dès ce moment l'armée d'Édouard fut mise en déroute, et la bataille ne fut plus qu'un massacre. Du côté des Dauphinois, on entendait que les cris de victoire! saint George! Du côté de Savoie, merci! merci! Tout ce qui résiste encore est égorgé sans pitié. Le comte d'Auxerre, le comte de Tonnerre, le sire de Beaujeu, une foule de barons et de chevaliers français, qui avaient pris parti pour Édouard, tombent entre les mains des Dauphinois vainqueurs, qui les conduisent au jeune prince.

Linfortuné comte de Savoie avait vu les larmes aux yeux moissonner l'élite de ses braves. Plus affligé des pertes que cette journée allait causer à son État, que honteux de sa défaite, il combattait encore dans l'espoir de trouver la mort. Mais, entouré de quelques serviteurs fidèles, il se laissa toucher par leurs instances et entraîner dans leur fuite. Le sire de Crouy, quoique parent du comte par Agnès de Sassenage, son épouse, le poursuivit et l'atteignit dans la plaine. « — Rendez-vous, mon beau cousin, lui cria-t-il.

» — Le Dauphin ne m'aura pas vivant, répondit fièrement Édouard : défendez-vous, mon cousin d'Allevard. » A ces mots il fondit sur le châtelain, la lance en arrêt. Celui-ci fut à peine ébranlé sur sa selle, et, ripostant par un coup de lance, il renversa le comte de Savoie, mais sans le blesser.

Le baron de Sassenage arriva sur ces entrefaites. Il était dévoué au Dauphin, mais Édouard lui était allié par les plus étroits liens du sang, il supplia le sire de Crouy de lui confier la garde de son prisonnier. Le châtelain y consentit, autant par amitié pour Albert de Sassenage que par pitié pour un prince dont la douleur était déchirante. Suivi de ses hommes d'armes, il acheva de mettre en déroute l'escorte du malheureux Édouard. On dit qu'Albert de Sassenage fit évader l'illustre prisonnier, et que le Dauphin donna des éloges à la conduite généreuse des deux barons, en plaignant le sort de son ennemi vaincu.

Comme le sire de Crouy revenait vers le camp où le jeune Guigues, embrassant l'étendard de saint George, rendait grâces de sa victoire au dieu des armées, deux archers de Savoie firent tomber deux cavaliers d'Allevard à côté du châtelain. Ils étaient sur une petite éminencequi dominait la route. « Rendez-vous, » leur cria Amblard d'une voix de tonnerre! Au lieu de répondre, tous deux préparent une nouvelle flèche; le premier vise un instant, et emporte les plumes qui ornaient le casque du châtelain. « Par la croix de Savoie! » dit l'autre, il faut viser plus bas. La flèche vole, mais prompt comme la pensée, Roland Amblard couvre son maître de son corps, et le trait s'enfonce dans le côté où sa blessure ne lui avait pas permis de serrer sa cuirasse. « Vive Savoie ! cria l'archer.

» — Vive le Dauphin ! murmura Roland Amblard en tombant ; à moi, mon cher maître. »

Le châtelain descend de cheval, et s'empresse de soutenir son écuyer dont le sang coulait à grands flots. « — Par saint Etienne de Hongrie ! dit-il, enfans, courez sur ces traîtres. » Mais déjà les compagnons d'Amblard avaient piqué des deux, et les archers étaient tombés sous leurs sabres.

« — Le païen a tiré juste, dit Amblard d'une voix expirante en arrachant courageusement le trait de son corps. Adieu, mon cher maître ; je vais rejoindre notre ami Quéntin. Par saint Hugon ! je ne m'y attendais guère ce soir ; mais c'est le sort de tout homme qui porte une cuirasse....

» — Non, Amblard, s'écria le châtelain avec douleur, non tu ne mourras pas, mon brave ami; c'est pour moi que tu as reçu cette cruelle blessure, et Dieu te rendra à ma reconnaissance.

» — Ah ! dit l'homme d'armes, voilà une bonne flèche, puisqu'elle me prouve jusqu'à quel point j'étais aimé de mon maître. Votre seigneurie, je vous recommande ma mère... ma pauvre mère...... Je sens...... que je meurs. Dites-lui que je suis mort en brave et loyal soldat; cela fera plaisir à la bonne femme.... Par saint Hugon.... il y a devant mes yeux un nuage... Ma mère, mon digne seigneur..... ma mère... »

Le sire de Crouy tenait la main de son écuyer, tandis que tous ses compagnons, rangés en silence autour de lui, essayaient d'étancher le sang qui coulait de sa blessure. L'eau fraîche dont on la bassina, parut lui rendre des forces. Dans ce moment, le bruit des fanfares et des cris de victoire retentissaient dans le camp. On voyait fuir dans le lointain les restes dispersés de l'armée de Savoie. Amblard essaya de soulever sa tête; son œil mourant semblait se ranimer en fixant ce spectacle glorieux pour les armes de son pays. « — Ils fuient, dit-il encore, victoire ! saint George et Dauphiné.... Adieu, mon cher maître.... mes camarades, adieu.. » Il serra convulsivement la main du châtelain, et après avoir balbutié le nom de sa mère, il expira.

Ce fut le dernier brave qui mourut ce jour-là; il fut pleuré par son maître et ses amis. Quelques jours après, son corps reposait à côté de celui de sa mère dans le cimetière qui entoure l'église d'Allevard.

Ainsi finit la bataille de Varey, où nos pères combattirent et remportèrent la victoire, le huitième jour de janvier de l'année 1355 (1).

---

(1) Les historiens du Dauphiné ne sont pas d'accord sur la date de cette bataille. Nous avons beaucoup de raisons pour croire qu'elle eut lieu le jour que nous indiquons. Nous avons trouvé dans un ancien cartulaire un obit fondé en faveur d'un gentilhomme dauphinois, décédé le huitième jour de janvier de l'an du Seigneur, en la bataille de Saint-Jean-le-Vieux, c'est-à-dire de Varey.

CINQUIÈME RÉCIT.

LA DERNIÈRE DAME
DE LA TOUR DU BER.

> Beau chasseur de chamois, je t'attends dès l'aurore ;
> La nuit sur ce rocher me trouve seule encore.
> Dis-moi, viendras-tu pas ? Pour la dernière fois
> Je t'attendrai ce soir, beau chasseur de chamois.

La victoire a rendu la paix aux peuples, et de toutes parts les fidèles vassaux déposent leurs armes et rentrent en chantant au village où ils sont nés. On n'entend plus que des cris de joie, et la famille, assise autour de la longue table, célèbre par les jeux et les festins le retour d'un père ou d'un époux bien-aimé. Mais hélas ! combien de mères sont-elles tristes et pensives auprès de leur foyer solitaire ? elles attendront en vain leurs fils, leurs premiers-nés ; ils sont couchés sans vie dans la plaine où la bataille s'est livrée. A peine si de pieux amis de l'enfance ont jeté quelques touffes de gazon ou quelques feuilles d'arbres sur leurs cadavres défigurés.

Dormez en paix, jeunes guerriers qui êtes tombés sous le glaive ennemi, dormez en paix sur cette terre étrangère où la victoire vous a laissés. Les tempêtes de l'hiver et les nuits orageuses passeront sur vos ossemens blanchis, le laboureur tracera des sillons sur vos tombes oubliées, vos armures si brillantes seront rongées par la rouille, le temps aura fait tomber sa pesante massue sur les créneaux orgueilleux du château de Varey, le soldat ne veillera plus sur ses remparts détruits, les clématites et les giroflées jaunes fleuriront tristement sur ses ruines au milieu des ronces sauvages ; mais on parlera encore de vous dans les champs où vous êtes nés. Vos noms retentiront dans la ballade d'un ménestrel à venir, et ils resteront mêlés aux traditions paternelles, comme les eaux du lac et les rochers de la montagne.

Le Dauphin, entouré de ses barons, rentre dans Grenoble, à la tête de son armée. La noble Isabelle vient au-devant de son époux, les temples se remplissent d'une foule immense, les cloches frappent les airs de leurs tintemens sonores. Pendant que le peuple remercie le seigneur, en priant pour les soldats qui sont morts au champ d'honneur, les vassaux d'Allevard et de Monteynard traversent la cité, et prennent en silence le chemin de leur pays. Ils escortent deux cercueils. L'un renferme les restes d'un jeune homme qu'une inconcevable destinée conduisit à la mort. Ennemond va rendre au père de Quentin du Ber la dépouille mortelle de son fils. Chaque nuit depuis la bataille, il a veillé auprès de son lit funèbre. La prière a fait pénétrer dans son cœur affligé toutes les consolations du ciel, il s'est dépouillé de ses armes, et, vêtu comme dans les jours où son ami l'accompagnait à la chasse, il semble méditer une pensée grave et qui n'appartient pas à la jeunesse. Sa chevelure blonde flotte sur ses épaules en signe de deuil, une pâleur mélancolique imprime à son noble visage tous les traits d'une profonde douleur. Ses compagnons qui l'aiment pleurent celui qu'il a aimé.

Dans l'autre cercueil est le corps d'un soldat qui reçut la blessure destinée à son chef, le corps d'un serviteur fidèle qui mourut pour son maître. Le sire de Crouy a voulu accompagner les funérailles de son écuyer, il a voulu qu'il reposât auprès de la cendre de ses pères. Le châtelain honore sa haute naissance en pleurant un villageois obscur dont l'ame était si belle et le courage si remarquable.

Les deux cortéges entrèrent ensemble dans l'église d'Allevard, et les prêtres chantèrent les cantiques des morts auprès des deux cercueils. Une femme, dont la vue était affaiblie par l'âge, et qui se traînait péniblement appuyée sur un bâton noueux, cherchait vainement parmi les hommes d'armes de son seigneur l'enfant de ses anciennes amours, le fils qui lui rappelait le souvenir d'un époux. Enfin elle s'approcha timidement du châtelain. « — Votre seigneurie, lui dit-elle, il fut un temps où Roland Amblard ne s'éloignait pas plus de son gracieux jeune maître que ne l'exige le respect. Aurait-il excité votre justice? cependant c'est un fils soumis et respectueux que mon bon Roland, et il doit être un fidèle serviteur.

» — Est-ce vous qui êtes la mère de Roland Amblard, bonne femme, répondit le châtelain ?

» — Oui, s'il plaît à votre seigneurie; je l'ai porté neuf mois dans mon sein, et je l'ai nourri de mon lait.

» — Hélas ! ma bonne mère, reprit le châtelain, votre fils sert maintenant un autre maître qui ne laisse pas les bonnes actions sans récompense.

» — Sainte Vierge ! s'écria la pauvre mère au désespoir, il est donc mort; car mon Roland n'eût point changé le service de votre seigneurie contre celui d'un prince. Qui prendra soin maintenant d'une vieille femme que l'âge ne laisse bonne que pour un fils ?

» — Ne vous désolez point, ma mère, reprit le seigneur ; vous viendrez au château, où tout le monde aura des égards pour votre vieillesse. » Et le noble sire de Grouy-Chanel descendit de son cheval pour consoler cette mère affligée.

« — Que Dieu bénisse votre seigneurie! dit-elle en essuyant les larmes qui coulaient sur ses rides; la mère d'Amblard ne profitera pas du bien que vous voulez lui faire. Puissiez-vous ne jamais perdre votre noble fils; c'est une chose triste pour un vieillard, quand ce n'est pas son enfant qui lui ferme les yeux. » Alors elle s'éloigna pour pleurer dans la solitude de sa chaumière. Le châtelain ordonna qu'on veillât sur elle, et qu'on lui prodiguât tous les secours. Mais ni la puissance, ni l'amitié ne peuvent adoucir l'amertume des regrets d'une mère; elle voulut voir le cercueil de son fils; elle l'arrosa plusieurs fois de ses larmes, et l'appela du nom qu'elle lui donnait dans son berceau. La mère d'Amblard avait vu bien des jours; elle était jeune et belle du temps du Dauphin André, elle mourut de sa douleur.

Cependant il reste à Ennemond un

grand devoir à remplir; il doit apprendre à Allemand du Ber la perte qu'a faite sa maison; il doit lui porter les adieux de son fils expirant. Aux approches du soir, le jeune homme prend le chemin de la tour du Lac; troublé par d'affreux pressentimens, il gravit, tristement, la montagne qui renfermait naguère tous les objets chers à son cœur. Le nom d'Ermia sortait quelquefois de sa bouche; mais il ne le prononçait plus comme autrefois avec ce sourire d'espérance et d'amour qui donne tant de grâces à la jeunesse. Sur le point d'entrer dans la plaine, une sueur froide coula de son front, un tremblement convulsif agita ses membres fatigués, il éprouva le besoin de s'arrêter, et s'assit sur le tronc d'un sapin que le temps avait déraciné.

La nuit couvrait depuis long-temps les créneaux du château d'Allevard. La joie bruyante des vassaux avait fait place au silence le plus profond. En revoyant sa jeune épouse et son fils, le sire de Crouy sentit qu'il avait oublié un amour qui avait fait tant d'infortunés. Il se retira dans son appartement, heureux de ces jouissances tranquilles dont aucune crainte ne peut troubler la pureté. Cependant sa blessure était trop récente pour qu'il cessât tout-à-coup d'en souffrir. Ce mal des passions est prompt à dévorer le cœur de l'homme, mais c'est lentement qu'il se dissipe. Le châtelain, demeuré seul, ne put échapper à ces mouvemens involontaires de l'ame, qui ressemblent au dernier flot que la tempête pousse sur un écueil. Mais il causait avec ses souvenirs, et les pensées qui les reproduisaient étaient plus dans son esprit que dans son cœur. L'hiver n'était pas rigoureux, et les douces haleines d'un printemps précoce gémissaient faiblement dans les arbres dépouillés de feuilles. La lune, qui projetait ses rayons sur les vitraux de la tour, rendait pâle et incertaine la lueur des flambeaux. Le châtelain s'appuyait sur le balcon où il avait rêvé tant de fois; il promenait ses regards sur la vallée dans laquelle on n'entendait que le bruit du Bréda et les chants éloignés des vassaux qui regagnaient leur maison. Ses yeux s'arrêtèrent un moment du côté de la montagne du Ber, et il lui sembla qu'une clarté extraordinaire partait du sommet et se perdait dans les cieux. Il se figura que son imagination seule enfantait ce nouveau prestige; mais l'affreuse destinée qui semblait présider à la famille du Lac, vint frapper son esprit, et le plonger dans une rêverie à laquelle se mêlait le souvenir de la mort de Quentin. En détournant les yeux, il aperçut à ses pieds un bouquet de fleurs flétries.....; il les reconnut et soupira en s'arrachant de ce balcon. Tout-à-coup le son d'un cornet se fit entendre, et la voix de la sentinelle qui appelait le majordome attira son attention.

« — Que voulez-vous? qui demandez-vous? dit le majordome avec humeur à la personne qui s'annonçait ainsi.

» — Je veux que vous baissiez le pont-levis, répondit une voix que le châtelain ne pouvait méconnaître, et je demande à parler à sa seigneurie.

» — Par saint Pierre! reprit le majordome, voilà un vaurien qui s'explique clairement! Et de la part de qui venez-vous, mon ami? Sa seigneurie repose, et du diable! si c'est moi qui vais la réveiller pour satisfaire le bon plaisir d'un vagabond qui viendra de danser à la belle étoile avec un arc et des flèches!

» — Si j'étais ainsi armé, misérable! reprit l'étranger d'une voix plus forte, je t'enverrais la seule réponse que mérite ton impudence. Apprends, maître coquin, que je suis Ennemond Paturel, page du noble baron de Monteynard, et si ton digne seigneur savait l'accueil que je reçois à la porte de son château, je suis certain qu'il ferait allonger tes oreilles.

» — C'est bien la vérité, dit la sentinelle, je ne voudrais pas être dans la peau de maître Robert. » Le soldat continua sa promenade en sifflant.

« — Là, là, dit le majordome un peu plus poliment, sa seigneurie repose, mon beau page, comme j'ai eu l'honneur de vous en prévenir. Si l'affaire que vous avez à lui communiquer est si importante, il sera toujours temps de la faire connaître demain à notre gracieux seigneur; mais, par la chaîne d'or que je porte! je ne puis baisser le pont-levis, à cette heure, sans un ordre exprès de mon maître. » Le majordome ferma alors en ricanant la petite lucarne qui servait à reconnaître les étrangers avant de les introduire dans l'intérieur de la tour. Le sire de Crouy se promit tout bas de faire donner à son majordome la correction dont Ennemond venait de le menacer, et se couvrant à la hâte de son manteau, il sortit du château par la poterne.

Ennemond se tordait les mains de colère et disait entre ses dents : « N'est-ce pas une honte qu'un seigneur si courtois soit servi par de tels garnemens ! » Dans ce moment, le châtelain parut devant lui. — « Il en sera puni, Ennemond, soyez-en bien certain, lui dit-il; mais quel motif vous a fait souhaiter de me voir à cette heure de la nuit, et dans quel état vous revois-je? Juste ciel ! que vous est-il donc arrivé? »

Le jeune page était en effet dans une situation extraordinaire. Ses cheveux, ses mains, une partie de son visage paraissaient calcinés ; ses yeux, rouges et enflammés, sortaient presque de leur orbite et saignaient sous ses sourcils.

— « C'en est fait, répondit-il, il faut être bon chrétien pour ne pas blasphémer contre les saints et les anges après tant de calamités! Que le ciel me pardonne cette coupable pensée!

» — Par saint Étienne de Hongrie! reprit le châtelain avec chaleur, vous avez besoin de secours, Ennemond, suivez-moi; vous me ferez connaître après la cause du désordre effrayant dans lequel vous êtes plongé.

» — Que Dieu récompense votre seigneurie de ses excellentes intentions! répondit Ennemond. Tout n'est pas terminé, et cette nuit terrible ne finira pas sans quelque nouveau malheur. Je porterai ma croix jusqu'à ce que ce soit le bon plaisir du Seigneur Dieu de m'en délivrer.

» — Mais, au nom de votre père et de son saint patron! Ennemond, expliquez-vous plus clairement, dit le sire de Crouy.

» — Hélas! s'écria le jeune page, en levant ses mains vers le ciel, tout est perdu, il ne reste plus rien de la tour du Ber : j'ai vu la flamme dévorer cet antique manoir. Que Dieu nous protége! La mort environnée de toutes ses horreurs, la mort la plus épouvantable planait sur les lieux où j'allais annoncer la mort!

» — Quel horrible événement! dit le châtelain avec l'accent de la plus vive douleur. Au nom du ciel, Ennemond, n'est-il donc aucun moyen d'arracher les habitans de la tour au sort qui les menace? » Il s'élançait à ces mots, en entraînant le jeune page.

« — Aucun, mon seigneur, répondit celui-ci; serais-je auprès de vous s'il restait quelque espoir? serais-je donc ici abandonné à une impuissante douleur, si ma vie avait dû être utile encore aux parens de mon ami, de celui que je pleurerai toujours, de mon cher Quentin. Non, monseigneur, non, vous ne verriez de la tour du Ber que des murailles brûlantes, dont la chute ne va pas tarder à couvrir les bords du lac de cendres et de débris. Ecoutez, écoutez et sachez pourquoi je suis venu troubler votre sommeil.

» — Je suis prêt à vous entendre, Ennemond, mais je serais bien aise que vous cédassiez à l'invitation d'un ami, répondit le baron ; votre situation est vraiment alarmante ; entrons au château où vous trouverez tous les secours dont vous avez un besoin si pressant.

» — Cela ne se peut pas, continua le page, cela ne se peut pas. Il n'est plus au pouvoir des hommes de verser quelques consolations dans ce cœur déchiré. Que saint Isarn daigne soutenir mon courage ! Votre seigneurie peut bien s'imaginer que je n'approchais pas avec tranquillité de la demeure antique et respectée de mes nobles cousins du Ber. Il n'y avait pas un arbre qui ne me plût par la beauté de son feuillage, il n'y avait pas un rocher couvert de mousse et ombragé de chèvre-feuille, qui ne me rappelât l'ami que j'ai perdu. Et cependant l'hiver a dépouillé nos bois de leur verdure. Mais je voyais tout comme au printemps, car je me souvenais de mes jours de bonheur! Je m'étais assis à l'entrée de la plaine, et je promenais en soupirant mes regards sur la surface du lac dont les vagues se brisaient avec un léger bruit contre les murailles de la tour. Tout-à-coup je m'aperçus qu'une fumée noire et épaisse s'échappait à travers de ces vieux créneaux. Je me levai précipitamment, quoique je fusse abîmé de fatigue et couvert de sueur. Mais alors je vis les vassaux du Ber s'empressant en foule dans les bâtimens qui avoisinaient la tour. Une flamme intense, et qui semblait excitée par tous les vents du nord, sortait par la porte de l'édifice, et en défendait l'entrée à ces honnêtes laboureurs qui poussaient d'inutiles clameurs. Dieu m'est témoin que dans cet épouvantable moment, je ne m'informai point des causes de cet accident, et n'apercevant personne de la famille dans la foule épouvantée qui m'environnait, je pressentis un plus grand malheur, et je m'élançai dans l'intérieur de la tour, sans regarder si quelqu'un suivait mes pas. Partout les flammes s'élevaient en sifflant; jamais un spectacle plus horrible n'a affligé les yeux d'un homme. Où êtes-vous? m'écriai-je, où êtes-vous? Mais aucune voix ne répondit à la mienne; et j'entendis le craquement des poutres embrasées qui s'affaissaient sur ma tête. Poussé par mon désespoir, je me précipitai dans l'intérieur; mais une main invisible me repoussa à l'entrée principale de la tour, dont j'entendis l'étage supérieur s'écrouler derrière moi avec un bruit effroyable. Je tombai évanoui, à demi-suffoqué par la fumée, entre les bras des serviteurs du Ber.

» — Courageux jeune homme! dit le châtelain, dont quelques larmes mouillaient les yeux.

» — On jeta de l'eau sur mon visage, continua Ennemond Paturel; la vivacité de l'air, et plus encore, peut-être, l'énergie de mon désespoir, me rendit à moi-même. Alors je pus interroger un vassal qui m'apprit tout ce que j'avais à pleurer. On ne s'était aperçu de l'incendie qu'au moment où aucune force humaine ne pouvait en arrêter les effroyables progrès; et, par un concours de circonstances malheureuses, presque tous les habitans étaient absens;

ils avaient été à Allevard, attirés par le bruit du retour de votre seigneurie et de ses hommes d'armes. Et Ermia? m'écriais-je avec un serrement convulsif. Le vassal se signa et baissa la tête en soupirant.

» — Au nom du ciel, repris-je, Marcel, était-elle dans la tour?

» — Sur l'ame de mon père, répondit cet homme, je puis vous jurer qu'elle était absente. Mais cela n'en vaut guère mieux, et cependant le châtelain du Ber était un bon chrétien et un digne maître; mais la jeune damoiselle lisait dans des livres, elle aimait à se promener au clair de la lune, et cela porte toujours malheur.

» — Vassal, m'écriai-je, qu'il ne vous échappe plus un mot semblable, ou je ferai crier les os du fils de votre père. Laissez ces contes absurdes, Marcel, et dites-moi ce qu'est devenue ma noble cousine.

» — On sait ce qu'on sait, par saint Hugon! répondit Marcel sans s'émouvoir. Mon père m'a dit souvent que cette famille du Ber descendait d'une fée, et qu'un beau jour le diable reprendrait ce qui lui appartenait légitimement. Que Dieu nous assiste! mais je vois, seigneur page, que vous êtes impatient et colère; vous êtes aussi intrépide que jamais homme qui ait manié une épée; et si vous osez aller au col de l'Évêque, peut-être y trouverez-vous votre belle cousine.

» Il fit un nouveau signe de croix, et je l'arrêtai par le bras comme je m'aperçus qu'il voulait s'éloigner.

» — Dites-moi, Marcel, quelle raison vous fait penser que je rencontrerai Ermia dans le lieu que vous désignez? Si vous avez quelque reconnaissance pour celui dont vous avez mangé le pain si long-temps, ajoutai-je, si vous respectez la mémoire du noble Allemand du Ber, qui n'a jamais refusé le couvert au plus pauvre voyageur, instruisez-moi du sort de sa fille et parlez sans détour.

» — Eh bien donc, seigneur page, dit le vassal, comme si pour m'obéir il lui fallait faire un effort pénible, je vous prouverai que ce n'est point un ingrat serviteur qui a mangé le pain d'Allemand du Ber, que Dieu veuille avoir son ame! car après tout ce digne gentilhomme n'était ni un Vaudois hérétique, ni un excommunié. Vous saurez donc que depuis votre départ pour la guerre, la damoiselle ne parlait à personne; elle tomba dangereusement malade, et le saint père Soffréon fut appelé pour lui dire les prières. Le bon vieillard finit par venir tous les deux jours à la tour, malgré l'âpreté des chemins. On assurait, et par mon saint patron ne croyez pas que j'invente quelque chose, on assurait que la damoiselle avait dit un grand secret au religieux, et que depuis ce temps elle était hors de tout danger. Cependant le père Soffréon hochait la tête quand on lui disait cela. On ajoutait... mais vous allez vous emporter comme tout à l'heure, et du diable si je continue!

» Rassuré par ma tranquillité, Marcel se hasarda à terminer son récit qui déchirait mon cœur. « On ajoutait donc, comme je vous le disais, seigneur page, que la jeune damoiselle avait prédit l'heure de sa mort, et qu'elle avait vu la dame aux blanches mains, la fée du lac, au col de l'Évêque. Comme elle se promenait souvent de ce côté où je n'irais pas sans doute sans avoir sur moi une sainte relique ou une branche de buis béni le dimanche avant Pâques, on disait qu'elle y creusait sa tombe....

» En ce moment les étages supérieurs de la tour s'écroulèrent avec fracas, et Marcel ajouta en pâlissant:

« Depuis deux jours, seigneur page, on ne sait ce que la damoiselle est devenue; le père Soffréon qui nous a visités ce matin a levé les yeux au ciel en apprenant cette nouvelle; cependant il a rassuré autant qu'il a pu le digne vavassour et son épouse désespérée. »

« Le récit incomplet de cet ignorant vassal, continua le page en poussant un profond soupir, n'était que trop facile à comprendre pour moi. Oui, j'ai tout perdu sur cette terre, et l'espérance ne reste pas même dans mon cœur pour tromper ma douleur. Oh! seigneur, je ne puis vous peindre ce que j'ai éprouvé, lorsque m'éloignant pour toujours de ces ruines brûlantes, j'ai tourné pour la dernière fois mes regards tristes vers ce lieu désolé. Il m'a semblé reconnaître au milieu des flammes cette vision qui m'est apparue si souvent, et qui a troublé mes amours. Esprit maudit! sans toi peut-être je me croirais aimé, le temps du moins m'aurait rendu le cœur d'Ermia, et je ne chercherais pas maintenant la tombe où je dois la pleurer. »

En achevant ces mots, Ennemond s'abandonna de nouveau aux transports du plus violent désespoir. Le sire de Crouy, profondément ému par cet effrayant récit, ne pouvait consoler cet infortuné jeune homme. « — Ennemond, lui dit-il, quittez le château des Adrets, venez habiter le mien; il vous reste un ami qui s'efforcera de vous faire oublier ceux que vous avez perdus, ou qui, du moins, voudrait les remplacer dans votre cœur.

» — Que votre seigneurie me pardonne de refuser ses bienfaits! Hélas! ce cœur triste et déchiré ne battra plus sous la main d'un ami, il n'y a plus de joie pour lui. Qui aurait pu prédire nos malheurs, mon cher Quentin, lorsque, pour la première fois, nous essayâmes nos flèches sur les bords du lac ? Nous nous aimions sincèrement..., et cependant je ne te verrai plus, et le doux sourire de ta sœur ne dissipera plus les légers nuages qui s'élevaient entre nous quand nous nous disputions le prix de la chasse. Et vous, Ermia, qu'êtes-vous devenue ? où retrouverai-je votre corps glacé ? Voilà, ajouta-t-il, voilà le jour qui paraît, m'accompagnerez-vous sur le col de l'Évêque, où ma destinée s'est accomplie ? Viendrez-vous avec moi, noble seigneur, jeter un peu de terre sur la plus belle et la plus malheureuse des filles ?

» — Par saint Étienne ! je ne vous laisserai point seul, Ennemond, dans le désordre où vous êtes, je suis prêt à vous suivre ; mais quelle est votre espérance en visitant un lieu qui ne doit vous rappeler que de douloureux souvenirs ?

» — Si je m'en fie au rapport de ce vassal, répondit Ennemond, et plus encore à mes propres idées, c'est au col de l'Évêque que nous devons retrouver Ermia; la vieille prophétie qu'on raconte sur la famille du Ber a prédit, depuis bien des années, que c'était là qu'elle devait finir. »

Ils se dirigèrent tous deux vers cette partie de la montagne; ils marchaient à grands pas, et bientôt le plateau étroit où Ermia était venue souvent rêver seule au chasseur qu'elle adorait, s'offrit à leurs regards. Le matin se levait, et ses brises légères parfumaient la solitude. Quelques fleurs qui avaient devancé le printemps se montraient de loin en loin sous des touffes de genièvre qui les avaient abritées. A la douteuse clarté qui commençait à se répandre sur les collines voisines, on apercevait une vapeur blanche, qui, condensée comme un nuage, descendait en tournoyant des flancs de la montagne et indiquait le cours du Bréda.

Auprès de la pierre de Saint-Hugues était un religieux qui paraissait en prières ; la terre était remuée autour de lui, et quelque chose de blanc s'élevait du milieu de cette terre, comme un cercueil pour lequel on n'aurait pas creusé une fosse assez profonde.

« — Arrêtez, jeune homme ! arrêtez ! s'écria le religieux, elle n'est plus ! Ne troublez pas la cendre des morts. Que faites-vous ? ô mon fils ! Vous couvrez de baisers sacriléges ces mains froides pour toujours. Noble seigneur, arrachez ce jeune homme d'auprès de cette tombe.

» — Ennemond, revenez à vous, dit le baron d'une voix étouffée par les sanglots. Au nom de Dieu ! écoutez ce saint homme.

» — Te voilà donc, Ermia, ma bien-aimée! te voilà couchée sans vie sur la terre froide et humide. O mon père! pourquoi ai-je perdu si tôt cette vierge que j'ai tant aimée?...

» — Pauvre jeune homme! pleurez, pleurez sur mon sein.... Mais tous deux venez dans mes bras; car vous souffrez tous deux. Oui, elle est tombée avant le temps cette jeune fille! Fleur mystérieuse, elle s'est flétrie dans la solitude! Il n'y a plus que trois hommes vivans qui connaissent ses malheurs; élevons-lui ici un tombeau, secret comme sa vie. Voilà, mes frères, quelle est la volonté de Dieu! Celui qui sème en frivoles espérances les champs de l'avenir ne recueille que d'amères illusions! »

Ils s'étaient assis tous les trois sur la pierre blanche; le religieux était placé au milieu, et levant vers le ciel ses mains tremblantes, il l'appelait au secours de ceux qui l'écoutaient. Le père Soffréon avait été un noble et galant chevalier; il avait connu les passions des hommes, et il savait les plaindre et les consoler en empruntant leur langage. Après quelques instans, Ennemond parut plus tranquille; on aurait dit que les pieux discours du vieillard avaient tout-à-coup fait naître dans son cœur une pensée qui calmait ses souffrances. Alors il demanda au vieillard quelles avaient été les dernières paroles d'Ermia; il le satisfit en ces termes :

« — Le jour du départ pour l'armée, je vins trouver cette jeune fille. Les adieux de son frère avaient déchiré son ame, et moi je lui portai un coup plus terrible encore, je lui appris que celui qu'elle aimait ne pouvait être à elle; je crus qu'elle mourrait dans mes bras. Depuis ce temps, hélas! elle s'éteignit tous les jours; mais souvent elle venait s'asseoir sur cette pierre où je vous raconte son infortune. Ses parens ignoraient la cause de sa tristesse, je ne crus point devoir la leur révéler. Pauvre jeune vierge! que de larmes elle a versées! Toutes les nuits, elle croyait voir en songe l'esprit dont on dit que descend sa famille, et elle me disait que sa mort approchait. J'ai fait d'inutiles efforts pour consoler ce cœur affligé; mais quand je lui parlais du ciel, elle souriait tristement en le regardant. Ce fut hier, vers le milieu du jour, que je la trouvai dans ce lieu. Quelle fut ma surprise! Je vis cette fosse à moitié creusée; elle était assise sur le bord, aussi pâle qu'elle est maintenant; sa chevelure flottait au gré des vents; et elle murmurait quelques paroles d'une ancienne ballade. « — Mon père, me dit-elle en jetant sur moi des regards égarés, voyez-vous la dame du Ber? C'est elle qui prépare la couche solitaire où je vais bientôt dormir d'un profond sommeil. Elle me sourit, mais j'aperçus des larmes dans ses yeux..... Aux approches du soir, la flamme dévorera la tour; vous me déposerez dans ma couche, et vous me couvrirez de gazon. Quand tu viendras dans ces lieux, beau chasseur que j'attends, mon souffle sera mêlé à la brise errante, et il gémira avec elle dans la bruyère. » Peu à peu je la vis décliner et se pencher vers la terre comme une fleur épanouie depuis plusieurs matins. Enfin, quand les ombres du soir commencèrent à couvrir la montagne, elle s'agenouilla, pria avec moi, et, que Dieu nous protége! elle s'écria: « — Voici la dame du Ber qui vient me chercher; la flamme siffle dans les créneaux de la vieille tour de mes pères, et la branche de chêne a paru sur le lac. » Elle tomba et expira dans mes bras. J'ai passé la nuit ici, priant Dieu que quelque bon chrétien vînt m'aider à l'ensevelir; Dieu vous a envoyés, que son nom soit béni! »

Un tombeau s'éleva dans ce lieu désert, et l'on remarqua bien long-temps un religieux qui venait chaque soir y prier. On ne revit plus le jeune Ennemond Paturel, et l'on ignora toujours ce qu'il était devenu. Les uns disaient qu'il était parti pour la Palestine, les autres qu'il avait pris l'habit de religieux au prieuré de Saint-Hugon. Mais qui peut savoir quel fut son destin?

Le sire de Crouy eut un fils qui fut sénéchal du dauphin Humbert II. Il vécut long-temps aimé de ses vassaux, et leva souvent la lance pour la défense du Dauphiné. Quand sa fin s'approcha, ce fut un moine de Saint-Hugon qui reçut sa dernière confession; ce moine mourut aussi peu de temps après, et c'est depuis lors que personne ne vint plus pleurer sur la tombe de la dernière dame de la tour du Ber.

C'est ainsi que tout passe sur la terre, la jeunesse et les amours. Mais les anciens souvenirs sont comme les fleurs qui se renouvellent chaque saison. Le torrent a emporté dans ses flots la pierre qui couvrait les ossemens de la vierge du Ber; cependant on raconte encore son histoire, et l'on aime à entendre à la veillée l'ancienne chronique du sire de Crouy, qui a été faite par un religieux de Saint-Hugon.

CONCLUSION.

Adieu donc, mon pays.
CHILD-HAROLD.

Ce soir-là il y avait encore beaucoup de monde à la ferme; on n'y voyait que des fronts joyeux, et les voisins aidaient les domestiques à orner la salle du banquet. Les fiancés étaient assis auprès du vieillard; ils écoutaient ses sages conseils, et se serraient tendrement la main. L'espérance brillait dans leurs regards, et le sourire du bonheur effleurait leurs lèvres. Ce fut dans ce moment que le voyageur entra suivi d'un jeune garçon qui portait sur ses épaules un coffre rempli des présens qu'il destinait aux futurs époux.

M. Henri promit de rester encore trois jours dans le pays, c'est-à-dire tout le temps que devaient durer les noces; ce fut à cette condition qu'on accepta ses dons généreux. La chronique du sire de Crouy avait souvent fait couler ses larmes, le récit de la bataille de Varey avait surtout paru lui plaire; on l'avait vu plusieurs fois parcourant les bords du lac, le col de l'Évêque et les ruines du vieux château. Quel était donc ce voyageur? C'est une question à laquelle l'hôtesse d'Alévard ne put jamais répondre; et ce fut long-temps pour elle un sujet de regrets. Quoique sa conduite eût excité la curiosité, M. Henri agit cependant de manière à imposer silence aux propos qu'enfante dans les villages l'oisiveté des veillées d'hiver. Il avait pris en affection les montagnards au milieu desquels il se trouvait; leurs entretiens le charmaient; il assistait à leurs jeux, et s'était familiarisé avec leur langage et leurs mœurs. Mais il cacha soigneusement son nom; et quelques pauvres laboureurs, dont il soulagea l'indigence, ne l'appellent encore dans leurs prières que le voyageur.

Le mariage de Jacques Morel et de Nanette fut célébré. Le banquet de ce premier jour de leur bonheur eut lieu à la ferme. Chez tous les peuples du monde, le mariage est une fête joyeuse, et un festin l'accompagne toujours. Il est étonnant que le christianisme n'ait pas changé les coutumes à cet égard; cette joie bruyante, ces danses et ces longs repas conviennent peu à une cérémonie qui a une si grande importance sociale. Elle se célèbre en Dauphiné avec un peu plus de gravité; la danse n'est pas toujours une clause importante des contrats de mariage, et le lendemain de la solennité, les époux vont à l'église prier pour leurs parens qui ne sont plus. Cet usage existe surtout dans beaucoup de villages des montagnes : c'est une ancienne et touchante tradition dont il n'est pas besoin de faire remarquer la profonde moralité.

La plus vive gaîté anime le banquet nuptial, et personne ne s'aperçoit qu'une vieille femme assise près du foyer, étend sur les tisons ses mains tremblantes et ridées, et ne prend aucune part à ce qui se passe si près d'elle. Les chansons et les santés portées à pleine voix couvrent le léger murmure de ses lèvres.

« — C'est à toi, Jacques Morel, qui sais tant de belles choses, s'écria Etienne Maillard, l'un des convives, c'est à toi, maintenant, de nous chanter quelque joyeux refrain. » On fit un moment de silence pour écouter Jacques Morel; mais on entendit un profond soupir qui causa à tous les assistans une surprise mêlée d'effroi.

« — Vraiment, continua le même personnage, il faut qu'une chouette soit entrée dans la salle; à moins que Benoîte elle-même ne soit descendue par la cheminée, comme c'est l'usage d'une honnête sorcière. » A ces mots, la vieille femme se leva, et regarda avec plus de tristesse que de colère celui qui venait de parler ainsi.

« — C'est pour toi que je suis venue, Etienne Maillard, dit-elle; quand tu étais petit, je t'ai sauvé la vie plus d'une fois. Sans moi, les ours et les loups se seraient nourris de ta chair. Si tu n'y prends garde, ce banquet est le dernier où tu assisteras; quant à moi, il est possible que demain je ne puisse plus t'avertir des dangers que tu cours.

» — Votre pacte avec le diable finit donc ce soir? repartit en riant l'incorrigible montagnard. Fi! c'est une honte de venir ainsi troubler les noces d'un bon voisin et d'un ami.

» — Assez, Etienne, assez, dit Jacques Morel, je n'ai jamais fait de mal à

Benoîte, elle ne peut m'en souhaiter. Approchez-vous, bonne mère; si l'on ne vous a pas invitée, c'est que vous êtes toujours la bien-venue.

» — Merci! répondit-elle, l'époux de Nanette Rambaud ne croit pas que je sois une méchante femme. Que Dieu bénisse son mariage! Je ne puis demeurer long-temps ici; cependant, comme je suis de la noce, je vais vous dire ma chanson; elle n'est pas gaie comme les vôtres; mais malheur à ceux qui ne la comprendront pas!

» — Voyons comment chantent les corneilles, dit tout bas Etienne Maillard.

» — Ne comptez jamais sur le bonheur dans cette vie, reprit la vieille femme; il ne faut qu'un orage pour détruire une belle moisson; malgré cela, Jacques Morel, ne t'effraie pas de ce que je vais dire; car, je le répète, ce n'est pas pour toi que je suis venue.

» — Si c'est pour moi, la mère, reprit Etienne Maillard, je bois ceci à votre santé. Mais dites-nous donc votre chanson de fée, quoique ce soit peut-être un péché que de l'entendre. »

M. Henri ne fut pas le seul des convives que l'apparition inattendue de Benoîte eût singulièrement surpris; on avait vu pâlir plus d'un visage, qu'un instant auparavant la gaîté couvrait de brillantes couleurs. Un silence profond régna bientôt autour de la table; et la vieille femme ne cessa de fixer Etienne Maillard, en psalmodiant le récit suivant.

Romance d'Urbain, le chasseur de chamois.

C'est moi qui vous le dis, cette histoire est bien triste, elle fera pleurer les enfans de nos enfans; oui, c'est moi qui vous le dis, ceux qui auront entendu à la veillée la romance d'Urbain le chasseur n'oseront regarder derrière eux, et quand la nuit sera sombre et pluvieuse, ils entendront dans le vallon les hurlemens des loups, et leurs dents claqueront d'effroi, et ils frémiront jusque dans la moelle de leurs os.

Qui frappe les échos de la montagne de ces sons de cor prolongés qui se mêlent aux aboiemens des chiens? C'est Urbain qu'on appelle l'Heureux; c'est Urbain le chasseur qui part accompagné de ses joyeux amis, et qui va poursuivre le chamois sur les bruyères des Sept-Laux: cette riche ferme, ces gras pâturages, ces nombreux troupeaux, tout cela appartient à Urbain le chasseur qu'on appelle l'Heureux.

Voici de bonnes nouvelles pour les pauvres et les habitans de la ferme; en avant les ménétriers avec leurs vielles et leurs violons! Urbain revient de la chasse, et voilà un, deux, trois et jusqu'à six piqueurs robustes qui plient chacun sous le faix d'un beau chamois de deux ans. Allons, sommelier, que les pots d'étain se remplissent de vin vieux à la mousse rose; il y aura un beau festin, et tous ceux qui viendront s'asseoir à la table d'Urbain le chasseur seront les bien-venus.

On dépouille les chamois, les chiens reçoivent la curée; déjà la venaison s'apprête et se colore devant le feu qui pétille sous la vaste cheminée de la ferme. « — Holà! mes amis, asseyons-nous au festin et réjouissons-nous. Qu'on fasse la part des pauvres et des bonnes gens, afin que Dieu nous bénisse et éloigne de notre tête le coup qui la menace. » Ainsi parla le maître à la voix grave et sévère, et les pauvres dirent : « Vive Urbain le chasseur! vive Urbain l'Heureux! que Dieu le bénisse! »

Le vin circule à longs flots, les viandes apprêtées répandent une fumée légère avec une odeur de thym et de serpolet. La joie brille sur tous les visages comme à une belle noce, il n'y manque plus que la fiancée aux yeux bleus avec sa robe blanche et sa couronne de roses; mais Urbain demeure seul triste et pensif. Son front pâle et ses sombres regards ne s'animent pas de la gaîté qui l'entoure; ses amis l'ont toujours vu silencieux, et jamais le sourire n'a brillé sur ses lèvres.

« — Par saint Hubert! et sur l'âme d'un vrai chasseur, maître Urbain, dit un convive, ta nourrice ne t'a donc appris aucune douce chanson? Quand les givres de novembre tombent sur les arbres de la vallée, l'humide brouillard s'étend sur la montagne et voile les eaux du lac du Ber, le torrent ne roule plus ses ondes bruyantes, le chamois debout sur les glaçons défie le plus hardi chasseur, Urbain, tu ressembles à l'humide brouillard.

» Je ne dis pas cela pour affliger ton

cœur, qui est bon et généreux; car je bois ceci à ta santé. » Les verres se choquant à la ronde, on n'entendit qu'un seul cri : « A la santé d'Urbain le chasseur! » Le maître inclina doucement la tête en signe de remercîment, et aucune parole de plaisir ne s'échappa de sa bouche; ce fut, au contraire, un sourd gémissement qui s'exhala de son sein.

« — Que Dieu protége les bonnes gens! continua le chasseur. Voici, Urbain, ce que je veux te dire aujourd'hui, que tes amis sont assis à ta table et que la chasse a été abondante. Apprends-nous, Urbain, d'où vient ta tristesse. Aucun baron ne possède de plus grasses prairies, trente belles génisses et autant de fougueux taureaux paissent l'herbe de tes domaines, le meilleur vin de la colline est pressé dans tes cuves, les fruits de ton verger sont les plus savoureux de la vallée; de quoi es-tu donc si affligé, notre ami Urbain?

» Quand la grêle dévore nos moissons, on dirait qu'elle épargne tes champs. Le soleil a toujours pour toi de doux rayons; enfin tu es plus riche que tous les nobles de la contrée, et il n'est pas un pauvre ou un malheureux qui n'ait béni ton nom une fois dans sa vie. Pourquoi donc es-tu toujours sombre et rêveur? Aucun homme sur la terre ne peut croire que tu aies du chagrin; cependant quelque chose t'afflige, notre ami Urbain.

» — Puisque vous êtes mes amis, dit Urbain, voici pourquoi je suis triste. Quand je vins au monde, on invita tout le village aux fêtes de mon baptême. Mais à la porte de la maison il y avait une vieille femme qui pleurait et qui avait faim; cependant les serviteurs de mon père lui donnèrent des coups, et ils la chassèrent.

» Elle revint pendant trois jours à la

porte de la maison, tandis qu'on se réjouissait de ma naissance. Elle dit : « Cet enfant sera malheureux et plus à plaindre que moi. Les serviteurs de son père m'ont chassée, et lui n'aura point de serviteurs qui l'ensevelissent ; les amis de son père se sont réjouis de sa naissance quand je pleurais et que j'avais faim ; ses amis pleureront un jour sur son sort.

» Voilà pourquoi je suis triste, car ma mère m'a raconté bien souvent cette prédiction. » C'est ainsi que parla Urbain, et ses amis s'écrièrent : « Sois joyeux et satisfait ; la vieille femme a menti, jamais tu ne seras malheureux. » Urbain soupira et il leur dit : « La vieille femme n'a pas menti. J'aime depuis long-temps une jeune fille, et pour qu'elle soit mon épouse je donnerais volontiers mes génisses, mes taureaux, mes vignes et mes prairies.

» Qui ne connaît Emmeline, la plus

belle fleur de ces montagnes? elle est blanche et légère quand elle court au travers des bois, et quand elle est auprès de la fontaine on la prendrait pour une fée. Emmeline a soupiré pour moi, quand je lui ai dit mon amour; mais son père est fier et insensible. Je n'aurai point ma bien-aimée pour épouse, je ne posséderai point Emmeline, la plus belle fleur de ces montagnes! »

Comme il disait ces paroles un vieillard entra dans la salle du festin; il tenait par la main une jeune fille, dont les regards étaient modestes et le visage enchanteur. « Urbain, dit le vieillard, voici Emmeline, ma fille, qui t'aime. Qu'elle soit ton épouse puisque tu le désires; quand je te la refusai j'ignorais que son cœur battît pour toi. Que Dieu vous bénisse comme je vous bénis.

» — La vieille femme a menti! s'écrièrent les amis d'Urbain, c'est maintenant qu'on peut t'appeler l'heureux. » Un sourire agréable dérida le front d'Urbain, et la douce Emmeline rougissait de plaisir en regardant son fiancé. Voilà encore une bonne nouvelle pour les pauvres et les habitans de la ferme ; les noces du riche chasseur seront brillantes, et nul ne sera éloigné de la salle du festin.

Tandis que tout se prépare pour ce jour fortuné, Urbain veut oublier sa tristesse auprès de sa bien-aimée. Rien cependant ne peut calmer le trouble de son cœur, et il lui semble que cette jeune rose ne doit pas fleurir sous ses lèvres. Pendant la nuit sombre un songe est descendu sur ses paupières, et ce songe le poursuit à la chasse et auprès d'Emmeline sa bien-aimée.

Il a cru voir une vieille femme assise sur le seuil de sa porte, elle pleurait et elle avait faim. La colère gonflait les veines qui sillonnaient son visage brun, et elle disait entre ses dents : « Cet enfant sera malheureux et plus à plaindre que moi. Les serviteurs de son père m'ont chassée, et lui n'aura point de serviteurs qui l'ensevelissent.

» Les amis de son père se sont réjouis de sa naissance quand je pleurais et que j'avais faim; ses amis pleureront un jour sur son sort. — C'est demain que notre ami Urbain doit épouser sa bien-aimée. Par saint Hubert! le gibier ne doit pas manquer aux noces d'un chasseur. Halali! halali! tayaut! voici le jour, nos chiens sont prêts et nos armes sont bonnes; allons parcourir les montagnes. Halali! tayaut! ».

Urbain suit à la chasse ses joyeux compagnons; les échos répètent les aboiemens des chiens et les cris des piqueurs. Les jeunes filles préparent à la ferme les ajustemens de leur compagne. Emmeline sourit et saute de joie en déployant son long voile et en essayant sa couronne de roses blanches. Elle allait sur le seuil de la porte et regardait du côté des montagnes. Mais elle rentrait en soupirant, car rien n'annonçait le retour de son bien-aimé.

Le soir descendit sur les prairies et les collines, les piqueurs et les compagnons d'Urbain revinrent à la ferme ; mais ils pleuraient et Urbain n'était pas avec eux. « — Où est mon fiancé, dit Emmeline? où est-il mon bien-aimé? Voici le long voile et les roses blanches qui doivent parer mon front, mais je ne vois pas mon époux. » Aucun ne répondit à Emmeline, et Urbain ne revint pas.

Urbain avait quitté ses compagnons dans la montagne pour poursuivre un jeune daim qui l'égara au milieu des bois. Il s'assit au pied d'un arbre pour se reposer et respirer la brise du soir qui commençait à glisser sur les feuillages. Tout-à-coup deux loups affamés se jetèrent sur lui ; il se défendit longtemps en poussant des cris plaintifs.

Ses vêtemens en lambeaux furent dispersés sur la bruyère ensanglantée; ses membres déchirés servirent de pâture à d'autres loups affamés. On chercha long-temps ses restes dans ces bois; mais on ne trouva que du sang et l'anneau d'or qu'il devait offrir à l'autel nuptial. Ses serviteurs ne purent l'ensevelir, et ses amis pleurèrent son sort.

Tous les convives frémirent en entendant la fin de cette ancienne romance; Étienne Maillard fut le seul qui n'en fût point alarmé.

« — Voilà, s'écria-t-il, une véritable chanson du sabbat! Vous avez beau me regarder, mère Benoîte, je n'aurai jamais peur des loups. Demain il y aura un bon repas à l'auberge du château, je vous invite à venir goûter de ma chasse; car, dès le point du jour, j'aurai abattu plus d'un chamois.

» — Si tu vas à la chasse demain,

Étienne Maillard, répondit la vieille femme d'une voix glapissante, je t'invite à dormir le soir dans le cimetière d'Allevard, à côté de ton père. » A ces mots, elle s'éloigna en murmurant; mais Étienne ne fronça pas le sourcil, et la joie, un moment interrompue, recommença son cours.

Ce ne fut pas le seul incident qui troubla les noces de Jacques Morel, et on s'en souviendra long-temps dans le pays. Le lendemain, les nombreux convives étaient réunis à l'auberge du château. L'hôtesse avait compté plusieurs fois les chaises placées autour de la table; il manquait un convive, et elle cherchait à découvrir qui ce pouvait être. Le repas était à peine commencé, que quelqu'un, en entrant dans la salle, dit à haute voix : « — Cette place ne sera pas occupée; elle était destinée à Étienne Maillard, et il est mort.

» — Sainte Vierge! Étienne Maillard

est mort! s'écria l'hôtesse, cela est-il possible?

» — Cela est certain, répondit la même personne; il a été trouvé aujourd'hui sur le col de l'Évêque, le cœur traversé par une balle, et voilà qu'on l'apporte au cimetière d'Allevard. »

Un cri de surprise et d'effroi s'éleva aussitôt de tous côtés; mais on n'eut pas le temps de se remettre de la terreur que devait causer l'accomplissement aussi prompt des menaces de Benoîte. Au même moment, on entendit appeler au secours, et tout le bourg fut en mouvement. Le feu consumait une chaumière bâtie heureusement dans un endroit assez éloigné de toutes les constructions d'Allevard pour que l'incendie pût trouver d'autres alimens. La chaumière fut dévorée avant qu'il eût été possible de donner le moindre secours; on chercha dans ses débris fumans, et l'on y trouva une masse informe horriblement calcinée, qui avait pu appartenir à un être vivant. M. Henri, qui s'était glissé dans la foule, apprit en frémissant qu'il avait devant les yeux les restes de l'habitation de Benoîte.....

Ce fut quelques jours après ces événemens que ce voyageur quitta Allevard. Jacques Morel et sa nombreuse famille voulurent l'accompagner assez avant dans la vallée.

« — Adieu, leur dit-il en les quittant, adieu, braves gens, qui m'avez rendu si agréables les jours que j'ai passés dans ces lieux. Votre souvenir ne m'abandonnera jamais, et il est possible que je revienne un jour frapper à la porte de la ferme et vous demander l'hospitalité.

» — Que Dieu vous entende! Monsieur, s'écria Jacques Morel; mais ne pouvons-nous savoir le nom d'un ami? Cela aide la mémoire et réjouit le cœur. »

M. Henri se pencha alors à l'oreille de Jacques Morel, qui se découvrit avec respect en entendant son nom; mais aussitôt le voyageur serra les flancs de son cheval qui s'éloigna rapidement. Il ne détourna point la tête; on crut seulement s'apercevoir qu'il portait la main à ses yeux, et bientôt l'écho ne répéta pas même le bruit de ses pas.

Adieu donc, souvenirs de ma jeunesse, vous me consolâtes souvent dans mes infortunes et vous êtes encore aujourd'hui ma plus chère espérance. Je vous dois l'enthousiasme et le respect que j'ai pour la vertu, je vous dois cet ardent amour pour la liberté qui épure le cœur de l'homme et qui le rend capable des grandes choses. Mais hélas! ni mes soins constans, ni mes veilles laborieuses ne vous sauveront peut-être du naufrage; adieu donc, ô mes doux souvenirs! Mais si la gloire est l'illusion des cœurs généreux, je sais qu'on ne l'obtient pas sans combattre, et je veux encore vous appeler à mon secours. Un jour encore, ô mon pays! j'irai méditer dans ton sein des chants plus dignes de toi : j'irai parcourir les âpres sommets de vos montagnes, enfans des Caturiges! j'irai sur vos collines verdoyantes, je parcourrai vos profondes vallées. Dernier asile de l'ancienne liberté de nos ancêtres, en visitant tes paisibles solitudes, je demanderai à leurs échos les merveilleuses histoires racontées sous le châlet. Je saluerai tes remparts, antique Brigantium, tes remparts fidèles que l'étranger ne souilla jamais de sa présence. C'est là que les tempêtes et les orages repoussèrent la servitude, fille de la corruption des grandes cités et de la mollesse des beaux climats. Je veux aussi m'asseoir sur tes ruines religieuses, Vienne la sainte! tu n'es plus la reine des Gaules, le Rhône qui baigne tes murailles ne leur apporte plus des flots tributaires, les empereurs ni les rois n'habitent plus sous ton ciel enchanté; mais le vieux sang dauphinois coule encore avec orgueil de ton sein maternel. Puisse donc la harpe délaissée des ménestrels produire encore sous mes doigts quelques sons harmonieux!

FIN DU QUATRIÈME ET DERNIER VOLUME.

CATALOGUE

DES LIVRES DE FONDS

ET D'ASSORTIMENT

QUI SE TROUVENT

CHEZ J. GIRARD,

LIBRAIRE-ÉDITEUR,

Rue Mazarine, n. 22, à Paris.

LIVRES DE FONDS.

MÉMOIRES SUR L'ANCIENNE CHEVALERIE, par Lacurne de Sainte-Palaye, avec une introduction et des notes historiques, par M. Ch. Nodier. Paris, 1826, 2 gros vol. in-8, imprimés sur beau papier des Vosges superfin, satinés et ornés de deux gravures très-bien coloriées. Prix 14 fr.

Franc de port par la poste. 17 fr.

Papier vélin, épreuves avant la lettre, coloriées par d'habiles artistes. 28 fr.

LES MONTAGNARDES, traditions dauphinoises, par A. Barginet (de Grenoble), 4 vol. in-12, ornés d'une vignette gravée par Thompson, d'après les dessins de Devéria. 12 fr.

Franc de port par la poste. 14 fr.

Papier vélin, épreuve sur papier de Chine, coloriée avec soin. 24 fr.

FABLES DE LA FONTAINE. Lausanne, 4 vol. in-8 ornés de 240 fig. en taille-douce, à pleine page. 16 fr.

Cette belle édition est la seule qui ait été mise à si bas prix. Elle est maintenant très-rare et toujours recherchée des amateurs.

OUVRAGES DE MILLIN.

INTRODUCTION A L'ÉTUDE DES MONUMENS ANTIQUES DE PIERRES GRAVÉES ET DE MÉDAILLES, par A. L. Millin, ouvrage entièrement revu et mis en ordre par M. B. de Roquefort, accompagné d'une Notice sur la Vie et les ouvrages de ce savant, par M. Dacier, et d'un Discours préliminaire par M. Champollion-Figeac. 1 vol. in-8. 5 fr.

Franc de port par la poste. 6 fr. 50 c.

Cet ouvrage est indispensable à tous ceux qui s'occupent d'archéologie.

DESCRIPTION DES TOMBEAUX DE CANOSA, ainsi que des bas-reliefs, des armures et des vases qui y ont été découverts en 1813. Paris, 1816, Didot aîné, grand atlas, papier vélin d'Annonay, avec 14 planches en noir. 70 fr.

— Le même, avec planches coloriées et en noir. 200 fr.

HISTOIRE MÉTALLIQUE ET NUMISMATIQUE DE LA RÉVOLUTION FRANÇAISE, ou recueil des Médailles et des Monnaies qui ont été frappées depuis la convocation des États-Généraux jusqu'aux premières campagnes de l'armée d'Italie. Paris, 1806, imprimerie impériale, grand in-4, avec 26 planches. 15 fr.

— Papier vélin. 25 fr.

Une nouvelle édition de cet ouvrage paraîtra incessamment. On souscrit sans rien payer d'avance.

VOYAGE DANS LES DÉPARTEMENS DU MIDI DE LA FRANCE. Paris, imprimerie royale, 5 vol. in-8 et un atlas de 80 planches gravées, dont quelques-unes en couleur. 72 fr.

VOYAGE EN SAVOIE, EN PIÉMONT, A NICE ET A GÊNES. Paris, 1816, 2 vol. in-8, avec vignettes. 8 fr.

VOYAGE DANS LE MILANAIS, A PLAISANCE, PARME, MODÈNE, MANTOUE ET CRÉMONE. Paris, 1817, 2 vol. in-8, avec vignettes. 8 fr.

MONUMENS ANTIQUES INÉDITS ou nouvellement expliqués. Collection de statues, bas-reliefs, bustes, peintures, mosaïques, gravures, vases, inscriptions, médailles et instrumens tirés des collections nationales et particulières, et accompagnés d'un texte explicatif. 2 vol. in-4, 92 gravures. 50 fr.

DESCRIPTION DES MOSAÏQUES DU VATICAN, DU MUSÉE

PIO CLÉMENTIN A ROME, représentant des scènes de tragédie. In-folio avec 28 planches coloriées. 40 fr.

L'ORESTÉIDE, ou description de deux bas-reliefs du palais Grimani, à Venise, et de quelques monumens qui ont rapport à l'histoire d'Oreste. Grand in-4, Paris, Didot aîné, 1816. 10 fr.

— Le même, avec planches coloriées en noir. 25 fr.

ÆGYPTIAQUES, ou Recueil de quelques monumens égyptiens inédits. In-4, Paris, Didot aîné, 1816. 8 fr.

MINÉRALOGIE HOMÉRIQUE, ou Histoire des minéraux dont il est fait mention dans les poëmes d'Homère. 2e édit., 1 vol. in-8. 3 fr. 50 c.

DESCRIPTION DES TOMBEAUX qui ont été découverts à Pompéi en 1812. Naples, 1813, de l'imprimerie royale, 1 vol. in-8, orné de 7 grav. 3 fr. 50 c.

MÉMOIRE sur quelques pierres gravées qui représentent l'enlèvement du Paladium. Turin, 1812, in-4, avec gravures. 3 fr.

LES MARTINALES, ou Description d'une médaille qui a pour type l'oie de la Saint-Martin (antiquité nationale). Paris, 1816, in-8, avec vignettes. 2 fr. 25 c.

DESCRIPTION D'UN SCEAU D'OR DE LOUIS XII, qui appartient au cabinet de la Bibliothèque royale (antiquité nationale). Paris, 1808, in-8, fig. 2 fr.

DESCRIPTION D'UNE MÉDAILLE DE SIRIS. Paris, 1814. 2 fr.

DESCRIPTION D'UN VASE TROUVÉ A TARENTE, avec figures. 2 fr.

NOTICE SUR DES MÉDAILLES INÉDITES DE CALLATIA. 1 fr. 25 c.

INSCRIPTIONS composées par feu M. l'abbé Sacchetti sur la mort de Louis XVI et pour le tombeau de S. M. madame Clotilde de France, reine de Sardaigne, transcrites à Suze par Millin. 75 c.

ANNALES ENCYCLOPÉDIQUES, journal des sciences et des arts. 6 vol. in-8, avec figures et tables, année 1817. 25 fr.

La même, année 1818. 25 fr.

PIERRES GRAVÉES INÉDITES. Cet ouvrage paraît par livraisons; les sept premières, contenant 62 gravures et 160 pages de texte, sont en vente. 42 fr.

Le prix de chaque livraison est de 6 fr.

GALERIE MYTHOLOGIQUE. 2 forts volumes in-8, avec un nombre considérable de gravures et planches. 36 fr.

ANTIQUITÉS NATIONALES, ou Recueil de monumens, pour servir à l'Histoire de France, tels que tombeaux, inscriptions, statues, vitraux, fresques, etc., tirés des abbayes, monastères, châteaux et autres lieux. 5 vol. in-4, ornés d'un grand nombre de planches. 75 fr.

NOUVEAU DICTIONNAIRE DES BEAUX-ARTS. 3 gros vol. in-8 de 800 pages chacun, imprimés par Crapelet, en petit-texte et à deux colonnes. 25

— Le même sur papier vélin superfin. 50 fr.

LIVRES D'ASSORTIMENT

ET EN NOMBRE.

Élémens d'histoire générale, chronologique et géographique, depuis la création du monde jusqu'en 1789, avec des tableaux synoptiques à l'usage des maisons d'éducation, et en général de toutes les classes de la société; par Joseph Martin, docteur ès-lettres, auteur d'un *Cours abrégé de géographie*, adopté par l'administration de l'instruction publique. 2e édition. 1 vol. in-8. 6 fr.

Franc de port par la poste. 7 fr. 50 c.

Le Conteur des enfans, ou Récit d'un vieux marin, nouveaux contes moraux aussi instructifs qu'amusans, qui traitent de tout ce qui peut orner l'esprit et former le cœur de l'adolescence; par l'auteur du *Mentor des Enfans*. 1 vol. in-12, orné de quatre jolies gravures. 3 fr.

L'Art de lever les plans, enseigné en vingt leçons, et sans le secours des mathématiques; suivi d'un Traité du nivellement, du lavis; par M. Thiollet, professeur aux écoles royales d'artillerie. 2e édition, entièrement refondue et augmentée par l'auteur. 1 vol. in-12, orné de 15 belles cartes. 7 fr.

L'Astronomie enseignée en 22 leçons, ou les Merveilles des cieux, expliquées sans le secours des mathématiques; ouvrage traduit de l'anglais, sur la 13e édition: par Ph. C***, ancien élève de Delambre.

3e édition. 1 vol. in-12 de 500 pages, très-bien imprimé; orné de grav. 7 fr.

De la Chaleur dans ses applications aux arts et aux manufactures, ouvrage traduit de l'anglais, par A. Bulos, auteur de *la Chimie agricole*, et de *la Mécanique des ouvriers, artisans et artistes.* 1 vol. in-12. 5 fr.

Mécanique des artisans, ouvriers et artistes, ouvrage traduit de l'anglais sur la 9e édition, par M. Bulos. 2 vol. in-12, ornés de planches. 10 fr.

1er *Vol.* Instrumens en bois, en fer, manière de les éprouver, de les construire, de les améliorer; application de ces instrumens aux constructions : procédés chimiques nouveaux pour faire la brique, le mortier, le ciment, le stuc, la chaux.

2e *Vol.* Puissances mécaniques, machines simples et composées de la romaine, de la poulie, du treuil, de la vis, nouveaux moteurs.

Cet ouvrage qui a paru en 1825 a obtenu en Angleterre un succès de vogue : c'est le livre indispensable des ouvriers menuisiers, maçons, mécaniciens, qui y trouveront d'importantes découvertes, des procédés nombreux, des théories ingénieuses : toutes les sociétés savantes l'ont adopté.

L'Arithmétique enseignée en vingt-quatre leçons, d'après Lacroix; suivi du Toisé et de l'Arpentage. 1 vol. in-12, orné de planches. 4 fr.

Le Cuisinier des Cuisiniers, ou l'Art de la cuisine enseigné économiquement d'après les plus grands maîtres. 1 vol. in-8, orné d'une carte représentant les comestibles les plus renommés des villes principales du royaume, avec les noms de ceux qui les vendent, indications données par M. Corcelet du Palais-Royal à Paris. 7 fr.

Cet ouvrage, indispensable manuel des maîtres et maîtresses de maison, contient l'essence de tout ce qui a été écrit sur la cuisine.

NOUVEAU DICTIONNAIRE DE CHIMIE, contenant les principes, les théories nouvelles de cette science, et les applications aux arts, aux manufactures et à la médecine; par G.-L. Brismontier, H. Le Coq et A. Boisduval, avec une Lettre approbative à l'un des auteurs, par M. Vauquelin, membre de l'Institut, etc. 1 vol. in-12. 7 fr.

Franc de port par la poste. 8 fr.

NOUVEAU MANUEL DU FILATEUR, ou Art de la filature de coton, enseigné en 14 leçons; par M. Noël, filateur-manufacturier. 1 vol. in-12. 10 fr.

Franc de port par la poste. 11 fr.

Cet ouvrage est orné d'un grand nombre de planches.

L'ART DE PRÉPARER LES TERRES ET D'APPLIQUER LES ENGRAIS, traduit de l'anglais de sir Humphry Davy, par A. Bulos. 1 vol. in-12. 6 fr.

Franc de port par la poste. 7 fr.

L'ART DE CONSERVER LES SUBSTANCES ALIMENTAIRES, SOLIDES OU LIQUIDES, traduit de l'allemand de Jean-Charles Leuchs, membre de la Société royale d'Agriculture de Glazenfurt, et correspondant de la Société des Arts de Francfort, par A. Bulos. 1 vol. in-12. 6 fr.

Franc de port par la poste. 7 fr.

ŒUVRES COMPLÈTES DE MOLIÈRE. 1 vol. in-8, orné d'un beau portrait et de trente vignettes dessinées par Devéria, et gravées par Thompson, imprimé par Rignoux avec des caractères fondus par Firmin Didot, sur cavalier vélin, de la fabrique de M. Montgolfier, d'Annonay. 20 fr.

LES ŒUVRES COMPLÈTES DE MOLIÈRE, en un seul vol. in-8, de 600 pages, seront publiées en quatre livraisons de 8 à 9 feuilles chacune; les trois premières sont parues, la dernière sera mise en vente dans le courant de décembre.

ŒUVRES COMPLÈTES DE LA FONTAINE. 1 vol. in-8, orné d'un portrait et de 30 vignettes dessinées par Devéria et gravées par Thompson. 20 fr.

GAULE POÉTIQUE (LA), 4e édition, revue et corrigée par M. *Marchangy*. Six vol. in-8, sur papier fin satiné, orné du portrait de l'auteur. 36 fr.

TRISTAN LE VOYAGEUR, OU LA FRANCE AU XIVe SIÈCLE, par M. *Marchangy*. Six vol. in-8, sur papier fin satiné. 42 fr.

ÉPITRES ET ÉVANGILES POUR LES DIMANCHES ET FÊTES DE L'ANNÉE. 1 vol. in-8, grand papier vélin. 7 fr.

Sous presse pour paraître incessamment.

COURS ABRÉGÉ DE MYTHOLOGIE, extrait de l'histoire du ciel, de l'abbé Pluche, par *Joseph Mactère*, docteur ès-lettres, auteur d'un cours abrégé de géographie ancienne et moderne, mis au nombre des livres classiques, par le Conseil royal de l'instruction publique. Orné de 24 figures dessinées par M. Dutertre, deuxième édition. 1 vol. in-12. 3 fr. 50 c.

PETITE BIBLIOTHÈQUE PORTATIVE DE LA JEUNESSE, OU CHOIX D'ANECDOTES HISTORIQUES, INSTRUCTIVES ET AMUSANTES, tirées des meilleurs auteurs; par madame *la comtesse de Mardonet*, auteur des souvenirs de mon grand-père et la suite de ses souvenirs, Souvenirs de ma grand'mère et leur suite, etc., etc. 1 vol. in-12, orné de 4 jolies figures. 3 fr.

FAUTES ESSENTIELLES A CORRIGER.

TOME I, page 45, ligne 23. Des accidens sauvages, etc., *lisez* : des accidens de terrain sauvages, etc.

Page 125, ligne 10. Avant que le bras puissant, etc., *lisez* : après que le bras puissant, etc.

Page 134, ligne 1re. Mais pleines, etc., *lisez* : et pleines, etc.

Page 140, ligne 12. Sur l'hôtel de la Vierge, *lisez* : sur l'autel, etc.

TOME II, page 10, ligne 17. Commence à jeter, *lisez* : commence à répandre.

Page 14, ligne 22. L'Amour jette, *lisez* : l'Amour fait naître.

Page 23, ligne 2. Les jeuns garçons, *lisez* : les jeunes garçons.

Page *id.* (dans quelques exemplaires seulement), ligne 18. Chevalier plus pieux, *lisez* : chevalier plus preux, etc.

Page 59, ligne 7, après ces mots : Pour lors, Amaury, *lisez* : fit entendre le son du sifflet d'argent; puis il, etc.

Page 65, ligne 10. Était diaphane, *lisez* : était transparente, etc.

Page 100, ligne 21. D'une voix égarée, *lisez* : d'une voix étouffée.

TOME III, page 50, ligne 12. Vers laquelle li, *lisez* : vers laquelle il, etc.

Page 53, ligne 1re. auteuil, *lisez* : fauteuil.

www.ingramcontent.com/pod-product-compliance
Ingram Content Group UK Ltd.
Pitfield, Milton Keynes, MK11 3LW, UK
UKHW031838260826
14628UKWH00001B/463

9 782019 977429